スタートアップ！

シリコンバレー流成功する自己実現の秘訣

The Start-up of You

リード・ホフマン／ベン・カスノーカ＝著
有賀裕子＝訳　伊藤穰一＝序文

The Startup is You! :)

— Reid

日経BP社

THE START-UP OF YOU

Adaput to the Future,
Invest in Yourself, and Transform Your Career
by Reid Hoffman and Ben Casnocha

Japanese translation rights arranged with
Crown Business, an imprint of the Crowon Publishing Group,
a division of Random House, Inc.
through Japan UNI Agency, Inc., Tokyo.

僕に知恵を授けようとしてくれた父と母に。

そして、くる日もくる日も思いやりを教えようとしてくれているミシェルに。

――リード・G・ホフマン

Think Different を身をもって体現しようという気にさせてくれたマック・ドクターに。

――ベン・T・カスノーカ

日本語版まえがき

MITメディアラボ所長
伊藤穰一

わたしが初めてリード・ホフマンと会ったのは２００２年である。当時ペイパルの役員として日本への参入戦略を検討していた彼の手伝いをして、つながりができた。やがてリードが日本を訪れたときにはいっそう絆を強めた。わたしは、ペイパルと彼の数々のアイデアについて学んだが、何より、「気が合う相手に出会えた」という実感が大きかった。

リードは社会の問題を解決しようとするタイプの知識人である。オックスフォード大学で哲学を専攻し、社会について、そして世界のこれからについて深く考えをめぐらせている。彼の仕事はどれも、この世界観や、「世の中をよりよくできる」「活気あふれる将来を切り開くには、人々がそのための力を持てるようにすることが欠かせない」といった考えと結びついている。

そんな彼とはこの10年というもの、知的な面でもきわめて実務的な面でも考えを交わしながら、親しく仕事をしてきた。この本のカギとなるフレーズを用いるなら、わたしたちは仲間なのだ。Last.fm《ラストエフエム》、シックスアパート、テクノラティ、ソーシャルテキスト、フリッカーなど多くの新興企業《スタートアップ》にともに出資している。リードはわたしが興したネオテニーとデジタルガレージに助言をくれ、わたしはリンクトインに助言した。

わたしたちはたがいのコーチ役を務め、おのおの人脈を拡大しながらとても活発な関係を保っている。現在、リードはＭＩＴメディアラボにとって大切な助言者であり、わたしは引き続きリンクトインの経営をはじめとする彼の活動に協力している。

リードがリンクトインを創業しようとしていたとき、わたしは「ネット企業は創業者の頭脳をコンピュータ化したようなものだ」と思った。リンクトインも例外ではなかった。彼は仕事上の人脈づくりを極め、とても重要で洗練されたその秘訣を、リンクトインというオンラインサービスのかたちで人々に知らせた。

最初のうち、リンクトインの使い方や有用性が理解されるまでには少し時間がかかった。リードにとって人脈づくりはお手のものだが、その秘訣をわかりやすく示しても、大勢の理解を得られるわけではなかった。

それでもリードはくじけずにリンクトインを充実させ、やがてみんなも秘訣をつかんだ。リンクトインが急激に普及をはじめ、ビジネスの世界にいるのにリンクトインを使っていないなんて考えられないような状況になったとき、「なるほど！」という納得の声が聞こえてくるような気がしたものだ。

スタートアップへの投資と投資全般についてリードは、とても分析的な視点で考え抜くが、その一方ではとほうもない柔軟性を発揮して発想を飛躍させる。まるで手品である。

本書『スタートアップ！』で彼はベン・カスノーカとともに、自分に投資をして人生をみずから舵取りしようとする人々に向けて、起業家の発想をどう活かせるかを説いている。といっても、自分の会社を興すべきだというわけではなく、起業家の行動からは誰にでも役立つ知恵が引き出せるのだ。とても明快に書いてあるから、要点の多くについてわたしたちは「当然ではないか」と思ってしまいがちだが、実はわたしたちが自分に投資をして人脈を広げるために普段とっている行動は、間違いだらけである。

日本ではブランドや人脈の重要性を誰もが知っているが、「目先の売上のために人脈を活かそうとしている」という印象を生む人たちのせいで、「コネづくり」「人脈づくりに熱心な人」という言葉にはよくないイメージがある。そのうえ、ほとんどの日本人は勤務先のブランドについてあれこれ考えるが、いまの世の中では、会社のブランドよりも〝自分ブランド〟のほうがはるかに大切である。

日本人が国内外で成功するためには、すべての日本人が昔ながらのキャリアの階段、終身雇用とエスカレーター式の昇進に疑問を抱き、仕事人生を自分で切り開くようになる必要がある。

仕事人生をみずから舵取りし、自分に投資をするとは、基本プランを立ててそれにひたすら従うのとはわけが違う。日本は「我慢の美学」で有名だが、ここではそれは的外れだろう。

人生をうまく舵取りしていくには事前のプランも必要だが、それと同時に、人脈を活かして、資源、つて、情報、ひらめきを引き出し、その時々でプランを変更できるだけの俊敏さがなくてはならない。リード・ホフマンはこの達人である。本書ではその彼が素晴らしいフレームワークを紹介してくれている。これを使えば、自分の人生を切り開いていく道筋がわかるだろう。

経済危機のさなか、3・11東日本大震災からの復興と高齢化が進む日本は、生き残るためには創造性、不屈の精神、起業家精神を身につける必要がある。現場の自分たちが立ち上がらなくてはいけない。今回は、水戸黄門のようなお上《かみ》が助けに来てくれるわけではない。政府やアメリカからの助けを待つわけにはいかないのだ。

わたしたち一人ひとりが起業家の発想で生き、まわりのお手本になる必要がある。人脈を築かなくてはいけない。起業家的な発想をする人々をグローバル規模で結集して、複雑さと不透明さが増す世界のなかで繁栄できるよう、日本を復興させ、新たなグローバル社会を築くのだ。

『スタートアップ！』をお読みいただき嬉しいです。もし、あなたがわたしたちのネットワークの一員でないなら、遠からず加わっていただけますように。

目次

日本語版まえがき　伊藤穰一　3

第1章　人はみな起業家

新しい仕事環境　14
なぜ「スタートアップ」の発想を取り入れるのか　18
なぜわたしたちなのか？　20
なぜ急ぐのか？　23
将来への道のり　32
スタートアップ的な生き方に必要なもの　37

第2章　競争するうえでの強みを培う

大志　資産　市場環境　40

方向性と競争上の強みを指し示す3つのパズル片　44
パズル片を組み合わせる　54
自分に投資をしよう　60

第3章　順応へのプラン

順応力のあるスタートアップ、順応力のある仕事人生　70
ABZプランニング　77
プランA：銃を構えたあとは「狙え、撃て」を繰り返すようなもの　85
プランB：学びながら方向転換する　90
プランZ：救命ボートに飛び乗って態勢を立て直す　100
自分に投資をしよう　102

第4章　持つべきは人脈

ほんもののつながりを築く　115

いまの人脈の中身と強み 122
人脈をどう広げ、維持していくか 152
関係が疎遠になっていくとき 170
自分に投資をしよう 172

第5章 飛躍への戦略

好奇心を発揮して何かに熱狂しよう 181
仕事のチャンスをどう見つけ、育てるか 183
自分に投資をしよう 211

第6章 賢くリスクをとる

リスクを見極めてうまく付き合う 219
短期のリスクは長期の安定性を高める 229
自分に投資をしよう 236

第7章　人脈は知識の泉

人脈を知恵袋にして仕事上の難問を解く　241
情報をまとめて、行動につながる知恵を引き出す　261
自分に投資をしよう　268
おわりに　271
わたしたちとつながろう　277
謝辞　279
訳者あとがき　281
参考文献　290
原注　299

第 1 章

人はみな起業家

人はみな起業家である。洞窟生活をしていた時代には、自分で食べ物を見つけて飢えをしのいでいたのだから、言うなら全員が自営業だったわけだ。人類の歴史はそこから始まった。文明が発展するにつれて、このような暮らしは失われていった。わたしたちは「労働者」になった。この呼称をあてがわれたからだ。そして、自分たちが起業家であることを忘れてしまった。

――小口金融《マイクロ・ファイナンス》のパイオニア、ノーベル賞受賞者
ムハマド・ユヌス

わたしたちは起業家《アントレプレナー》として生まれついている。

といっても、会社を興すために生まれてきたという意味ではない。それどころか、たいていの人は会社など興すべきではない。成功の見込みが小さいうえに、気苦労が絶えない。事業を始めるのに向いている人はごく一握りである。

なぜ誰もが起業家なのかというと、会社を興すべきだからではなく、創造への熱意がDNA

（遺伝子）に組み込まれているからだ。創造こそ、起業家精神のエッセンスなのである。冒頭に紹介したユヌスの言葉にもあるように、洞窟暮らしをしていたわたしたちの祖先は、自分で食べ物を見つけなくてはならなかった。生きていくうえでのルールを発明しなくてはならなかった。自分の人生の〝設立者〟だったのだ。ところが、何世紀も経つうちに、起業家としての自覚を失い、雇われ人にふさわしい振る舞いをするようになった。

仕事をしていくうえでの最近の難題にうまく対処するには、自分の内にある起業家としての本能を再発見して、新しい種類の仕事人生《キャリア》を切り開かなくてはいけない。弁護士、医師、教員、エンジニア、そして企業のオーナーでさえも、いまでは起業家としての自覚を持つ必要がある。活力をみなぎらせて成長する新興ベンチャーを少なくともひとつ舵取りしている、そう、「自分のキャリア」を築くという事業に取り組んでいるという自覚を。

この本は職探しのマニュアルではない。履歴書の体裁をどう整えるか、面接にどう備えるか、といったヒントやコツは見つからないだろう。むしろ、これからの時代に順応していくのに欠かせない、スタートアップ的な発想や技能を紹介している。ページをめくっていくと、人脈を広げ、強みを身につけ、よりよい仕事の機会を得るための戦略に出会えるはずだ。

今後あなたが成功するかどうかは、このようなスタートアップ的な戦略を理解して実践するかどうかにかかっている。もっと幅広い視点に立つなら、みんながスタートアップ的な発想をすれば社会も繁栄する。この本に記す理念や価値観に沿ってみんなが生きれば、世の中の問題の多くが解決でき、解決にかかる時間も短くなるだろう。これはあなたについての本。そして、世の中とあなたの進歩や発展についての本でもある。進歩や発展は一人ひとりから始まる。

新しい仕事環境

アメリカには何世紀も前から移民が集まってきた。彼らは、「懸命に働けば、両親よりもよい暮らしを享受できる」と信じて、すべてを投げ打つ覚悟でアメリカを目指した（原注1）。建国からこのかたアメリカ人は一般に、世代を経るごとに親たちよりも多くを稼ぎ、教育にも恵まれ、高い生活水準を謳歌してきた。「繁栄の度合いは確実に増していく」という期待がアメリカン・ドリームの一部になった。

過去60年ほど、ある程度の教育を受けた働き手にはトントン拍子の仕事人生が用意されていた（原注2）。大学を卒業した後、ＩＢＭ、ＧＥ（ゼネラル・エレクトリック）、ゴールドマン・サックスなどに入社し、昇進の階段のいちばん下から社会人としての人生を歩みはじめる。会社では大切に育てられて助言をもらえるほか、研修や専門性向上の機会を与えられる。経験を積むにつれて組織の階段をのぼり、若くて野心に満ちた新卒者に末席を明け渡す。大きな失敗でもしないかぎり、エスカレーター式に着実に昇進し、そのたびに権限、収入、仕事の安定性などが増していく。やがて65歳くらいになるとエスカレーターを降りて、高い地位を中堅社員に譲る。退職後のあなたを待つのは、企業年金や社会保障給付をもらいながらの快適な暮らしである。

何もしなくても必ずこうした人生を送れる、と考えられていたわけではない。しかし、そこそこの能力があって大きな努力をし、不運に見舞われなければ、強い追い風に乗るようにしていずれは満足のいく地位までたどり着ける、という意識があった。たいていはこの期待どおりになった。

ところがいまでは、エスカレーターはいたるところでつかえている。若手の多くはたとえ最高水準の教育を受けても、組織の底辺にとどまったり、能力を活かしきれない職に甘んじたり、失業の憂き目に遭ったりしている。ジャーナリストのロナルド・ブラウンシュタインが『アトランティック』誌に書いているとおりだ（原注3）。他方、年金が大きく目減りしたうえ、社会保障もスイスチーズのように穴だらけなため、60代、70代の男女はずっと働き続けるか、もう一度仕事に就く人が記録的な高水準に達している（原注4）。このあおりで中年層は、よくても昇進の可能性を奪われた状態でくすぶり、悪くすると、もっと有能な人材を処遇するために勤め先から押し出される。いまでは、若者はエスカレーターになかなか乗れず、中年は容易に上へと進めず、60歳以上の人々は仕事を辞めるに辞められない。ブラウンシュタインの言葉を借りるなら、「みんな、スイスイ前へ進むどころか、たがいに足を踏み合っている」のだ。

従来のキャリアパスが崩れると、それに伴って、前の世代が受けたような人材育成もなくなる。もはや、会社に経費を出してもらってコミュニケーション術を磨いたり、技術ノウハウを身につけたりするわけにはいかない。若手や平社員でさえも、即戦力になるか、すぐに仕事を覚えて数週間で一人前になることが期待されている（原注5）。新しい技能を身につけたいにせよ、仕事をこなす能力を高めたいだけにせよ、いまではそのための訓練や投資は自分の責任なのだ。会社は人材への投資を渋っている。理由のひとつは、生涯に何度も転職する人が増えて、同じ会社に長く仕事人生を捧げる割合が低くなっていることである。以前なら、勤め先と働き手のあいだには長期の決めごとがあり、終身雇用が保障される代わりに働き手はずっと会社に忠誠を尽くした。いまではこの決めごとに代わって成果主義にもとづく短期契約が広まり、双方の意思でいつでも契約が打ち切られる可能性がある。『モチベーション3・0』『フリーエージェント社会の到来』などの著者ダニエル・ピンクは、働き手の忠誠は上司への「タテ方向」ではなく、自分の人脈への「ヨコ方向」に働くと主張している。

キャリアをめぐる従来の前提がこのように崩れている背景には少なくとも、グローバリゼーションとテクノロジーの進歩という互いに関係するふたつの大きな潮流がある。「このふたつについて世の中は騒ぎすぎだ」と思うかもしれないが、実は、これらがもたらす長期的な影響については十分に語られていない。テクノロジーの進歩を受けて、かつては苦労して知識や技能を身につける必要のあった仕事がオートメーション化されており、株式仲介人、弁護士補助《パラリーガル》、放射線科医など高報酬のホワイトカラーも例外ではない（原注6）。テクノロジーは新しい職種も生むが、たいていは失業数を埋め合わせるほどではないし、新しい職種はふつう、以前の職種とは違った、より高度な技能を必要とする（原注7）。仮に多くの業界で求められる技能が用済みにならず、様変わりもしなかったとしても、少なくとも、企業にとっては海外への外注が容易になり、働き手は世界中の大勢と仕事を奪い合うことになるから、そうこうするうちにあなたの給料は下がっていく。貿易やテクノロジーは一朝一夕に生まれたわけではなく、すぐになくなることもないだろう。わたしたちみんなが属する人材市場は、後戻りの利かない変化にさらされている。

だから、仕事に対してこれまで抱いていた考えは捨てよう。ルールは変わった。いまや「構え、狙え、撃て」ではなく、「狙え、撃て、狙え、撃て、狙え、撃て」なのだ。失業したときや仕事に不満があるときだけ職探しをするのは時代遅れとなり、絶えず新しい仕事に出会う機会をつくることが欠かせなくなった。ただの社交に代わって、賢く人脈づくりをする時代になったのだ。

新しいキャリアのルールを心得ていて、グローバル経済にふさわしい新技能を持つ人材と、古い発想を捨てられずにありきたりな技能にしがみつく人材との差は、開く一方である。さて、あなたはどちらだろう？

なぜ「スタートアップ」の発想を取り入れるのか

変化には、チャンスと難題の両方がつきものである。いま求められるのはスタートアップ的な発想だ。総勢10人の会社、巨大な多国籍企業、NPO（非営利組織）、政府機関、あるいはこれらの中間形態……。どんなタイプの組織に勤めていても、新しい機会をつかみ、今日のような一筋縄ではいかない仕事環境で難題に対処しようとするなら、「自分のキャリア」をスタートアップと同じように舵取りしているつもりで発想し、行動する必要がある。

なぜスタートアップなのか。スタートアップはそもそもは新興企業や起業を意味する。会社を興すときは、情報が乏しくヒト・モノ・カネの足りない状態で、時間に追われながら判断をくだす。何の保証も安全網もないから、それなりのリスクをとることになる。競争相手と市場のどちらも変化しており、企業の寿命は決して長くはない。起業家が会社を興して成長させようとするときの環境条件は、わたしたちみんながキャリアを築こうとするときの条件と同じである。一瞬先に何が起きるかわからない。かぎられた情報。熾烈な競争。変わりゆく世の中……。しかも、ひとつの仕事に費やす時間は短くなってきている。つまり、絶えず順応を繰り返す必要があるのだ。もし順応できずに振り落とされても、誰も――勤務先も、政府も――あなたを受け止めてはくれないだろう。

スタートアップは、このような視界不良、変化、制約と真正面から向き合っている。自分の持つ資産や大志、市場環境を見極めて、競争するうえでの強みを築く。融通性があって反復の利くプランを立てる。業界全体に、たとえ会社がなくなったとしても残るような人脈を張りめぐらす。大躍進のチャンスを積極的に探したり、生み出したりするほか、それに伴う集中的なリスクに機敏に対処する。難題に向き合うためのビジネス上の知恵や情報を、人脈を活かして探り出す。起業家はこれらを、最初にアイデアをひらめいた瞬間から毎日欠かさず実行する。起業の場であるガレージを離れ、何フロアものオフィススペースを占めるまでになった後も。いまの世の中で仕事上の成功を手にするためには、ここで挙げたようなスタートアップの戦略をあなたも取り入れる必要がある。すなわち、起業家精神を持ち、スタートアップの発想を取り入れて自分の人生を切り開くことが、「自分のスタートアップ」なのである。

これらの戦略は、あなたがキャリアのどの段階にいるかにかかわらず役に立つ。新卒ホヤホヤでも、社会人10年目で次の大きな波に乗ろうとしていても、社会人生活も後半に入ってからまったく新しいキャリアを手に入れようとしていても、何をおいてもまず必要なものである。企業はどれだけ巨大になっても、革新性を失わないために小回りを利かせる。スティーブ・ジョブズはアップルを「地球上で最大のスタートアップ」と呼んだ。同じようにあなたも、若さと俊敏さを保たなくてはいけない。永遠のスタートアップである必要があるのだ。

なぜわたしたちなのか？

わたしリード・ホフマンは２００３年にリンクトインを共同創業した。使命《ミッション》は、世界中のプロフェッショナルどうしをつなぎ、彼らがより実り多い仕事をして成功できるよう、お手伝いをすること。ＩＰＯ（株式新規公開）にこぎつけた２０１１年5月には、リンクトインの会員数が1億人を突破するなど、わたしは創業から9年を経るまでに、あらゆる業界のプロフェッショナルが自分の仕事人生をどう舵取りしているかについて、とても多くを学んできた。信頼できる仕事上の連絡相手とどうつながるのか。どんな方法で職探しや情報交換を行い、オンライン上でどう身元や個性を表現するのか。たとえばわたしや同僚は、リンクトインに集うプロフェッショナル達の活動をとおして、どんな技能を持った人材が最も引く手あまたなのか、業界トレンドはどうなっているか、大きな機会につながるキャリアパスとは、といったことがらを知った。わたしは、成功する手法とダメな手法、うまくいく戦術とつまずく戦術が何かもつかんだ。この間、もうひとつの関心対象である投資に関して、言葉にならないほど素晴らしいことにも気づきはじめた。

わたしは、昼間は自分が会長を務めるリンクトインの業務を主にこなす一方、他のスタートアップへの投資も行っている。エンジェル投資家としてグレイロック・パートナーズに出資していまでは共同経営者《パートナー》を務め、これまでに100社以上に投資してきた。この投資活動をとおして、尊敬すべき起業家たちの事業拡大を後押しする機会に恵まれた。ジンガのマーク・ピンカスとは、ソーシャルゲームの戦略をめぐってブレインストーミングをした。ソーシャル・ニュースサイトのディグやモバイルアプリ開発のミルクを経営するケビン・ローズとは、モバイル・インターネットの将来について徹底的に考えた。マット・フラネリーとは、キヴァの小口融資を世界中の貧しい人々に広げようと力を合わせた。これら多様な経験からは、起業が成功するパターンと失敗するパターンを見分ける目が養われた。

リンクトインの会員がより大きな経済機会を手にできるよう力添えする一方、他の投資先企業の成長を後押しするというふたつの仕事をとおして、わたしはある気づきを得た。飛ぶ鳥を落とす勢いのスタートアップが採用する事業戦略と、順風満帆の仕事人生を送る個人のキャリア戦略は、驚くほど似通っているのだ。こう気づいてからは、シリコンバレーでの幸運な20年間に学んだことすべてを戦略フレームワークに落とし込み、それを「人は誰でも小さな会社のようなものだ」という考えに当てはめてきた。自分のキャリアについてもまったく同じように考えている。そう、スタートアップになぞらえているのだ。

共著者のベン・カスノーカ（以下ベン）と初めて会ったとき、彼はキャリア上の岐路に差しかかっていた。今後もテクノロジー企業を立ち上げるのか（すでに数社の起業実績があった）、著述活動を重ねていくのか（起業についての著書を上梓していた）、もっと海外旅行をするのか（かなりの旅行経験があった）、それともこれら3つを両立させるのか。20代初めには、次のような問いを抱えていたという。どれくらい先のことまで計画しておくべきだろう？キャリア上どんなリスクを取るべきか？どうすれば、いろいろと試行錯誤をしてしかも専門性を身につけられるだろう？続くベンの言葉はわたしの好奇心をくすぐった。彼は「次に手がけるのが起業ではなかったとしても、キャリアをめぐるこれら大切な問いに、起業家と同じ気持ちで向き合うつもりだ」と言ったのだ。

この初対面に先立つ数カ月間、ベンは数十カ国を訪れて何千人もの学生、起業家、ジャーナリスト、ビジネスパーソンと会っていた。中米の地域大学で学ぶ若者。インドネシアの僻地《へきち》でささやかなビジネスを営む人。コロンビアの政府高官。ベンは実にさまざまな国や地域で自分の経験を語る一方、現地の才能ある人々がどんな大志を抱き、どんな心構えでいるのかを観察し、学んだ。そして、素敵な現実に目覚めたという。広い意味でのスタートアップの精神はいたるところにみなぎっていたのだ。シリコンバレーから何千マイルも離れた地に暮らす、必ずしも会社を興すわけではない人々の心にも。たとえ自分たちを起業家とは見ていなくても、こうした人々の生き方はシリコンバレーの流儀と見事なまでに重なり合うようだった。自立している、機知に富む、大志を抱いている、順応力が高い、仲間と結びついている、といった持ち味があるのだ。ベンはこれらの経験をもとに、わたしと同じ結論に独自にたどり着いた。スタートアップの精神とはビジネスにかぎったものではなく、生き方の問題であるし、アメリカに特有ではなく世界共通だという結論である(「世界共通」という点をわたしが痛感したのは、国際的な起業家支援組織エンデバーの理事の仕事をとおしてだ)。しかも、わたしたちふたりの20年におよぶ経験が証明しているように、スタートアップの精神は人生の一時期だけでなく、生涯の友なのである。

なぜ急ぐのか?

スタートアップの精神を生き方のアイデアとして捉えると新しいキャリアを拓けるわけだが、これについて書く前に、何が危険にさらされているかを理解しておく必要があるだろう。自分の人生をスタートアップと考えないとどんな災難に見舞われるかは、かつて起業家精神の粋《すい》が集まっていた自動車産業の聖地、デトロイトの盛衰を振り返ってみれば、嫌というほどわかる。

20世紀の中葉、デトロイトはフォードモーター、ゼネラルモーターズ（GM）、クライスラーという現地発祥のスタートアップ3社の恩恵で活況に沸き、世界の中心であるかのような繁栄を誇っていた。当時、これら自動車メーカーはこのうえない革新性を備えていた。フォードは、乗用車やトラックを組み立てラインで大量生産する手法を発明し、この手法によってモノづくりを一新した。GMとそこに君臨した伝説的な会長アルフレッド・スローンが考案した経営や組織のしくみは、何百もの企業によって模倣された。3社は先見の明をも持ち合わせていた。アメリカは「広大な未知の領域《フロンティア》」という発想を称える国だという理由により、大胆にも、クルマはあまねく普及するはずだといち早く信じたのだ。アルフレッド・スローンは「あらゆる所得層のあらゆる目的に応えるクルマを用意する」と誓った。フォードの創業者ヘンリー・フォードは、「並みの給料をもらう人なら必ず1台は持てるように、超低価格のクルマを作ってみせる」と言い放った。

傑出した起業家と同じく、3社は夢を夢では終わらせなかった。立ち上がって、思い描いたとおりの未来を切り開いたのだ。20世紀の後半、アメリカの自動車産業は全体としてスタイリッシュで革新的なクルマを何億台もつくり、世界中の顧客に販売した。1955年、GMは10

億ドルの収益をあげるという産業史上初の快挙をなしとげた（原注8）。1950年代終わりには、司法省があまりに巨大になったGMの分割を検討したほどである。

これら企業に就職した人は、絵に描いたようなかつてのエスカレーター式キャリアを歩んだ。雇用は手厚く守られていたから、自動車メーカーでは解雇などゼロに等しかった。必要な技能を持っていなくても、会社が研修をほどこしてくれた。GMにいたっては、教室での講義と工場での実務を併用した企業内大学まで運営していた。この大学を卒業すると、終身雇用とそれに伴う特典がほぼ確実に約束された。そして勤続年数が伸びるに従って、職階も上がっていった。

自動車業界が好調だった当時、デトロイトも繁栄し、夢、富、そして次世代テクノロジーの代名詞のような地になった。地元紙のコラムニスト、トム・ウォルシュは、最盛期のデトロイトを回想して「いまのシリコンバレーのような土地柄だった」と語ってくれた。起業家たちは莫大な富を手に入れ、その分け前にあずかろうとして凄まじい数の人々が押し寄せてきたため、デトロイトは人口数で全米第4の都市になった（原注9）。賃金はよく、市民の収入の中央値は全米でトップだった。持ち家比率も跳ね上がった。デトロイトは生計を立てるうえで素晴らしい土地だっただけでなく、シカゴやニューヨークと並ぶほどの多様性、活気、文化、進歩的精神を誇った。くわえて、電話番号を世帯ごとに割り振る、道路をコンクリートで舗装する、高速道路を建設する、といった取り組みでも他のあらゆる都市に先駆けた。

1940年代から60年代にかけて、デトロイトはアメリカの宝だった。当時のハリー・トルーマン大統領は、「『デトロイト』といえば、偉大なるアメリカ産業界の代名詞として世界中で通用する」と威勢よく語った(原注10)。デトロイトは「民主主義の兵器庫」を支え、アメリカは特別な国だとする考え方を象徴する地だったため、世界最高の起業家精神とイノベーションに少しでも触れようと、世界のそこかしこから人々が訪れた。

やがてデトロイトの自動車メーカーは起業家精神を失った。起業家らしさを持っていたはずの人々が労働者になってしまった。そして、巨大な氷山の先端にぶつかったタイタニック号さながらに、ゆっくりと奈落の底へと沈みはじめた。

自動車産業の聖地デトロイトの悲哀

「何十年ものあいだ年々、困った問題にフタをして、辛い判断を避けようとする風潮が幅を利かせてきました。外国の競争相手に追い抜かれてもなお、この体質が変わることはありませんでした。ですが、そんな状態に終止符を打つときが訪れたのです」。これは2009年に、連邦破産法の適用を申請したGMとクライスラーを支援するために770億ドルの政府融資を行い、フォードのために信用枠を設ける決定をした際に、バラク・オバマ大統領が記者会見で語った内容である（原注11）。偉大なるデトロイトに憧れて育った世代にとって、オバマ大統領のこの言葉は、30年におよぶ衰退と幻滅を簡潔に表現するものだった。

　こうなってしまった原因はいくつもある。だが、決定的だったのは、自動車業界がぬるま湯に浸りすぎたことだ。インテルの共同創業者アンディ・グローブの至言に「偏執狂《パラノイア》だけが生き残る」がある。その心は、成功ははかなく盛者必衰であるということだろう。成功を当然と見なした瞬間に、競争相手はこちらの急所を突こうと攻め込んでくる。どう控えめに述べても、自動車メーカーのお偉方は偏執狂ではなかった。

　彼らは、燃費効率のよい小型車を望む顧客の声に耳を傾けず、大型化にひた走った。新興の日本メーカーによる猛追を深刻に受け止めず、身内どうしでも、顧客に向けても、アメリカ製は無条件に「世界一」を意味すると言い張った。競争相手の「無駄のない《リーン》製造」を研究するのを怠り、何十年も前の古びたやり方にしがみついた。最高の人材に報奨を与え、ろくでもない人材をお払い箱にする代わりに、年功や情実をもとに昇進者を決めた。上層部は、俊敏さを発揮して市場の変化に着いていくどころか、ささいなことでも委員会に諮《はか》るならわしを大切にした。著名な実業家で大統領選挙に出馬した経験も持つロス・ペローは、GMの工場内で誰かがヘビを見つけたら、「殺すべきかどうか」を相談するためにわざわざ委員会を設けるだろう、という皮肉を放った。

アメリカの自動車メーカーはあまり苦労せずに成功を手に入れたため、リスクを避け、実力主義に背を向け、慢心して官僚体質に染まっていった。競争が激しさを増し、顧客のニーズが変化しても、経営陣と労働組合はどちらもそれに順応せず、むしろ、従来のやり方をいっそう徹底した。

デトロイトは一夜にして衰退したのではない。ゆるやかに破滅への道を歩んだのである。実はここにも問題の一端があった。衰退へと向かうあいだも、自動車各社は年に何十億ドルもの収益をあげていたため、経営陣はいともたやすく慢心に陥り、山のような課題から目をそむけることができた。誰ひとりとして組織の健全性を確かめたり、染みついた欠点を見つけて改善したりしようとはしなかった。このせいで〝最後の審判〟は大きな痛みを伴うものとなった。政府によって救済されるまでの実に3年半にGMが820億ドルもの赤字を出し、やがて業界全体に警鐘が鳴り響くようになったが、その時にはすでに手のほどこしようはなかった。

自動車産業の惨状を受けて、〝自動車の町《モーターシティ》〟の異名をとったデトロイトも寂《さび》れてしまった。前出の地元紙記者ウォルシュは、「アメリカで最も見捨てられた都市に住む利点は、どの時間帯にも人やクルマの行き来がまったくないことだ」と無表情に語った。デトロイト中心部の目抜き通りをちょっと外れた街路を歩くと、まさにこの見捨てられたという表現が思い起こされる。何ブロックを歩いても、空き家が寂しげに立ち並ぶだけで、人影はまったく見ないかもしれない。業者の手で正面玄関に「没収済み」と札がかけられた家。ガラスのない窓に黒いシートが張られただけの家。そして、崩れかけたお菓子の家のような不気味な建物の何と多いことか。デトロイトのおよそ3分の1、つまりサンフランシスコの面積に相当する地域は、住む人がいない。

この地に残った人々の暮らし向きは厳しい。デトロイトの治安は全米で下から2番目に悪く(ちなみに最下位は同じミシガン州のフリントだ)、子どもの半数は貧しさにあえいでいる。このような状況だから失業率は高く、推定では15~50%のあいだとされている。学校制度は形ばかりになってしまい、中学3年生の10人のうち8人は初歩的な算数さえできないという(原注12)。地元の政治家はたいてい、いろいろな意味で腐敗していて資質にも欠ける。信じがたいが、新鮮な野菜や果物を置くチェーン店はデトロイト全域に1軒もない。

デトロイトはかつて、進歩の象徴、善と可能性の象徴だった。自動車産業はかつて、起業家精神の象徴だった。それなのに、いまのデトロイトは絶望の象徴になってしまった。

デトロイトの惨状は対岸の火事ではない

デトロイトの状況は単純なものではない。以上の短い紹介には書かなかった込み入った要因があるほか、明るい兆しを感じさせるデータも現れはじめている。デトロイトだけが特殊なわけでもない。自動車産業を引き合いに出したのは、例外だからではなく、決して例外ではないからだ。近年では、みるみる衰退した産業や企業は数え切れない。過去と比べても、一時期は隆盛を誇った企業が転落する頻度とスピードはどちらも増している。1920年代と30年代には、S&P500株価指数の構成銘柄は、平均すると65年間その地位を守った。ところが2000年を間近に控えたころには、わずか10年にまで縮まっていた。デロイトに所属するジョン・シーリー・ブラウンとジョン・ヘーゲルⅢ世は、大企業が業界リーダーの地位から転げ落ちる率は、この40年間で2倍以上になったと記している。最近ではかつてないほど「勝ち組企業の地位は移ろいやすくなっている」というのだ(原注13)。

なぜこれほど多くの〝勝者〟がデトロイトと同じような運命をたどるのだろう。事例ごとに違いはあるが、おおもとの原因を挙げるなら、成功に酔って思い上がった、競争相手に気づいたり対抗したりすることができなかった、危険を小さくする機会を活かそうとしなかった、容赦ない変化に順応できなかったなどである。デトロイトを衰退へと導いた競争や変化は、グローバル規模でも地域ごとにも起きている。あらゆる企業、あらゆる産業、あらゆる都市が脅かされている。そして、もっと大切な点がある。すべての個人、すべての仕事人生も、脅かされているのだ。

この本の主題はデトロイトの歴史ではない。ではなぜデトロイトが重要なのかというと、どの都市に住んでいようと、どの企業や業界で働いていようと、どのような職種だろうと、あなたの仕事人生は、いままさに、デトロイトと同じ道を辿っているかもしれないからだ。かつて栄華を誇った都市や産業を転落へと導いた変化は、わたしたちみんなの仕事人生を台無しにしかねない。たとえいまは大丈夫だと思えたとしても。

幸いにも、デトロイトから比喩的にも物理的にも何千マイルも離れたシリコンバレーに、別の道すじがある。いまやここは、21世紀流の起業家精神や発展のメッカであり、過去数十年間に何世代もの起業家精神あふれる企業を輩出してきた。1939年設立のHP（ヒューレット・パッカード）。これに続くインテル、アップル、アドビ、ジェネンテック、AMD、インテュイット、オラクル、エレクトロニック・アーツ、ピクサー、シスコ。さらにはグーグル、イーベイ、ヤフー、シーゲイト、セールスフォース。もっと最近ではペイパル、フェイスブック、ユーチューブ、クレイグズリスト、ツイッター、そしてリンクトイン。

シリコンバレーは起業の魔力を失わずにいるばかりか、10年ごとにその威力を増してきた。この地では、何十もの企業が未来を創造してグローバル市場の進化に順応してきた。これら各社は企業革新の新たなモデルを提示するばかりか、素晴らしいキャリアを手にするために一人ひとりに必要とされる、スタートアップ的な発想をもたらしている。

これら企業の共通点は何だろう？　シリコンバレーの精神はこの本の精神でもある。素晴らしい何かを実現するために、知恵を働かせて果敢にリスクを取ろう。仲間づくりをして、知恵やヒト・モノ・カネなどの面で後押しをもらい、みんなで歩調を合わせて行動できるようにしよう。突破口を開くチャンスがあったらそちらへ方向転換《ピボット》しよう。

誰でも、何をしていても、スタートアップの発想や技能は活かせる。誰もが、起業家に求められる技能を自分のキャリアに活かせる。この本にはそのための方法が書いてある。あなたがデトロイトのような運命を避け、シリコンバレー流を身につけられるように。

将来への道のり

1997年、DVDレンタル会社ネットフリックスの創業者にしてシリコンバレーの成功者であるリード・ヘイスティングスは、ある厄介を抱えていた。映画『アポロ13』のレンタルDVDの返却が何日か遅れたせいで、法外な遅延料金を請求されたのである。動転して妻にもその顚末を話したのだが、このとき彼の起業家としての本能が騒いだ。映画のビデオを借りても決して遅延料金がかからないようなしくみがあったら……。そこでレンタルビデオ業界について調べはじめたところ、DVDという新しい技術があって、これなら軽くて送料も抑えられるとわかった(原注14)。電子商取引《eコマース》の普及とDVD革命を結びつければ、すさまじい事業機会につながるかもしれない――。こうしてヘイスティングスは同年、eコマースと昔ながらの郵便を併用したサービスを始めた。会員にウェブ上で観たい映画作品を指定してもらってDVDを郵送し、観賞後に返送してもらう、というサービスである。「このアイデアはいける」と感じながらも、テクノロジー業界での長年の経験から、いつまでも同じ形態のままではなく、進化は避けられないだろうと見ていた。このため社名は、「DVDバイ・メール」のような当面のサービス形態をじかに反映したものを避け、もっと広がりのある「ネットフリックス」にした(「フリックス」は映画館という意味)。

ネットフリックスは快調な滑り出しを見せたわけではない。当初は、世界で合計何千ものビデオレンタル店を運営する業界の巨人ブロックバスターを真似て、DVD1本ごとに料金を取るしくみにしていたのだが(原注15)、これはあまり受けなかった。そこでヘイスティングスは、一定の月額を払うと何本でも借りられるようにした。ところが顧客からは依然として、「借りたい作品をネット上で選んでから手元に届くまでに、時間がかかりすぎる」という苦情があがった。99年に会議のためブロックバスター本社を訪れた際には、各地への配送や迅速な注文処理で手を組めないかと打診もしてみた。しかし相手の反応はつれなかった。「『お引き取りください』と笑い飛ばされましたよ」とヘイスティングスは回想する(原注16)。

だが、彼も部下たちも諦めなかった。配送網を完備して、全顧客の8割には翌日までにDV

Dが届くようにした（原注17）。購入履歴をもとに好みに合いそうなタイトルを顧客に紹介する、革新的な〝お薦めエンジン〟も開発した。ネットフリックスはウォルマートなどによる後追いサービスを寄せつけず、2005年には会員を総計400万人にまで増やし、ネットを活用したDVDレンタル業界の覇者となった。2010年には1億6000万ドル超の利益をあげている。他方、ネット時代にうまく順応できなかったブロックバスターは同年、破産法の適用を申請した（原注18）。

ネットフリックスは安穏とはしていない。事実、2010年から翌年にかけては、依然として収益好調な既存サービスから、次の有望サービスへと軸足を移した。パソコン、スマートフォン、タブレット端末向けの、映画やテレビ番組のストリーミング配信である。高速通信が広く普及したことを受けて、何年も前からの構想が実を結んだのだ。いまでは顧客の多くはDVDではなくストリーミング配信で映画やテレビ番組を観ており、この本の執筆時点では、ネットフリックスのサービスは平日のネット通信量全体の30％超を占めている。もうすぐ、ストリーミング配信の目玉はネットフリックスの独自番組になるかもしれないし、未知の新技術を取り込む可能性もあるだろう。とはいえ、ネットフリックスの快進撃がこれからも続くという保証はない。次々と新しい脅威が生まれるからだ。

「世の中の変化はたいていい僕らを追い越していく」とヘイスティングスは言う。彼はあるとき、公開インタビューで映画会社の幹部から「戦略プランを立てるのは5年おきと3年おき、どちらですか」と聞かれ、どちらでもないと答えた。シリコンバレーでは3年は永遠にも感じられるから、そんな先までのプランなど立てられないのだ。その代わり、ネットフリックスは機敏さを失わずに七転び八起きを重ね、いつでも試行段階にある。われわれはこれを「永遠のベータ版」と呼んでいる。

「自分のスタートアップ」にふさわしい「永遠のベータ版」という発想

テクノロジー企業は、ソフトウェアを正式に発売した後もしばらく「ベータ版」というラベルを貼ったままにして、「完成品ではないため大がかりな改良は時期尚早」であることを念押ししている。一例として、グーグルのGメールは2004年にサービスを開始したものの、利用者数が数百万にも達した後もなお、2009年まで公式にはベータ版のままだった。アマゾンの創業者兼CEOジェフ・ベゾスは、株主への手紙のしめくくりに1997年の初年以来ずっと、インターネットとアマゾンにとってはいまだに「初日」だと書き続けている。「明るい見通しを持ってはいますが、油断せずに緊迫感を保たなくてはなりません」(原注19)と。つまり、アマゾンにとっては毎日が「初日」で決してゴールを切ることはないのである。起業家にとって、「完成した」は禁句である。彼らは、偉大なる企業は進化を怠らないことを心得ている。

　誰もがこの「完成した」を禁句にすべきだろう。わたしたちはみんな、いわば未完成品なのだ。くる日もくる日も、もっと学び、行動し、人間としての幅を広げ、成長するための機会にめぐり合う。自分の仕事人生を「永遠のベータ版」と位置づけておくと、自分には欠点があり、自力でさらなる向上を目指す余地があり、順応や進化が求められている、と意識せざるをえない。それでもこの発想は明るい見通しにあふれている。なぜなら、自力で向上を目指すことができるという事実、そしてこれと同じだけ大切な、世の中をよくすることができるという事実を歓迎しているからだ。

　カリフォルニア大学デイビス校起業センターのアンドリュー・ハーガドンは、「20年もの経験」があったとしても、多くの人にとっては実は、1年分の経験を20回繰り返したにすぎないと述べている（原注20）。しかし、「永遠のベータ版」という意識でキャリアを積めば、年が替わるごとに、自分の価値を高めるための新たな課題や機会に出会うから、20年で掛け値なしに20年分の経験を積むことができる。「永遠のベータ版」という標語には要するに、たゆまぬ成長を続けていくという決意が込められているのだ。

　精力的に生きるのか、それとも足早に死へと向かうのか。成長していないなら、退化していることになる。前進していないなら、後退しているわけである。

スタートアップ的な生き方に必要なもの

「永遠のベータ版」という発想を持っただけでは、キャリアの転換は成し遂げられない。「起業家」として自分の人生を切り開くには、本物の技能が求められる。そこで第2章以降の各章では、以下を実現する方法を紹介していく。

- 自分の**資産**、**大志**、**市場環境**の3つを組み合わせて**競争上の強み**を身につける（第2章）。
- **ABZプランニング**の手法を使って、自分の強みを活かすための最優先プラン（プランA）をつくり、まわりからの意見や教訓をもとに**何度も改良**しながら**練り上げていく**（第3章）。
- 実を伴った末長い**人間関係**を培い、それを土台にして強力な**プロフェッショナル・ネットワーク**を築く（第4章）。
- **人脈**を大切にし、**機転**を利かせ、**活動**を絶やさずにいることによって、**機会**を見つけたり、生み出したりする（第5章）。
- 仕事上の機会を追求しながら、正確に状況を見極め、賢く**リスク**をとる（第6章）。
- よりよい機会を探し、キャリアについてこれまで以上に優れた判断を下すために、**情報網**から知恵を引き出す（第7章）。

各章の終わりには、自分への投資の具体例を挙げる。

以上の技能は、仕事やキャリアに必要なことがらすべてを網羅しているわけではない。この本では、起業家精神にかかわるアイデアや考え方を端から分析するわけでもない。むしろ、起業家が用いる戦略のうち、次のふたつの目標を達成するのに役立つものを取り上げていく。

ひとつめとして、変化が激しく先行きが不透明な時代に、デトロイトのように衰退しないための生き残り策を紹介したい。環境への順応をとおして健全で安定したキャリアを手に入れる方法を示すのだ。順応は安定をもたらす。

ふたつめに、大勢のなかから頭角を現して世界で競争できるプロフェッショナルになるための戦略を伝授したい。社内で上を目指す、小さなビジネスを興す、まったく未知の業界に飛び込む……あなたがどういったかたちでキャリア上の成功を望むにせよ、起業家として考え行動すればその成功がつかみ取れることを述べていく。その中身は万能薬とまではいかないが、働く環境がいまのように厳しい時代には、混み合ったエスカレーターをのぼって生き残るだけでなく順風に帆をあげるために、きっと役立つだろう。

さあ、はじめよう。自分の人生をスタートアップと同じように舵取りするのだ。

第2章

競争するうえでの強みを培う

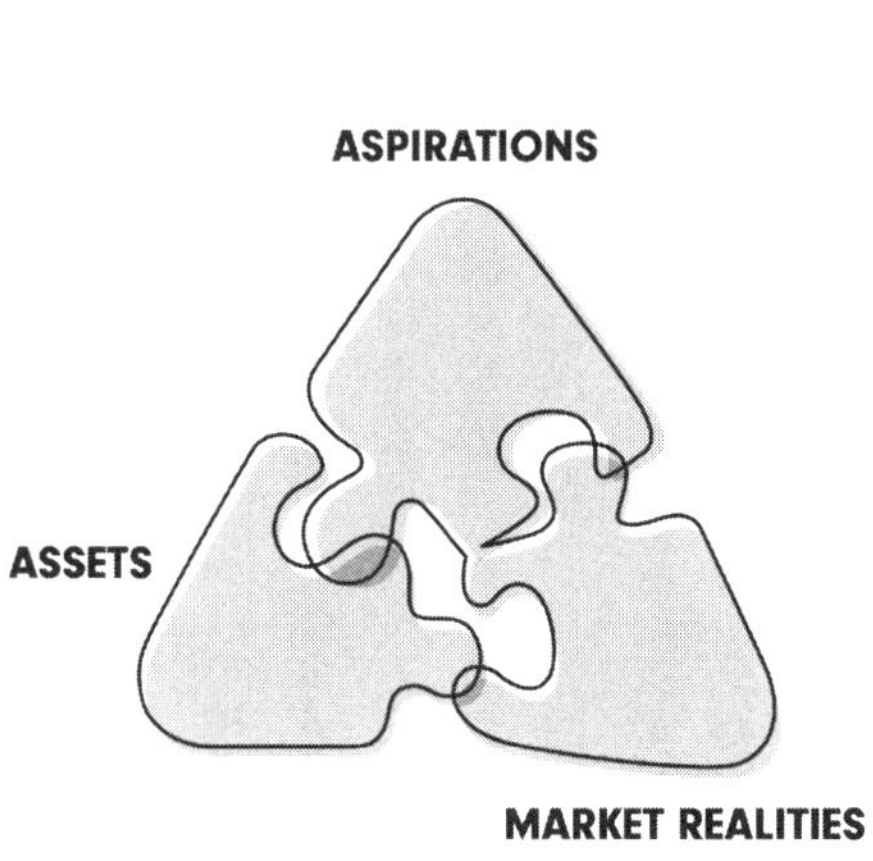

大志　資産　市場環境

2009年、サンフランシスコ湾岸地域《ベイエリア》の国道101号線沿いに、「あなたの仕事をこなせる人は海外に100万人もいる。あなたならではの持ち味は何か?」という身も蓋もない掲示板が立っていた(原注1)。100万人は大袈裟かもしれないが、あなたのような恵まれた職に就きたくて、しかもその力がある人がほかにも大勢いるのは事実だろう。素晴らしい何かをめぐっては必ず競争がある。優勝決定戦のチケット。魅惑的な彼または彼女の腕。名門大学への進学。そして、充実した職業機会。どれも競争は避けられない。

起業家として生き残っていくには、当然、競争相手より優っていなくてはならない。どの業界でも、個々の顧客をめぐって何社もが鎬《しのぎ》を削っている。世の中はざわついており、ささいな違いを分析するような時間を顧客は持たない。他社とまったく違う製品でもないかぎり、つまりドゥ・サムシングのCEO(最高経営責任者)ナンシー・ルブリンのいう「前例がない、かけがえがない、より速い、よりよい、あるいはより安い」に当てはまらないかぎり、誰からも注目されないだろう。優れた起業家は、他社との違いが際立つ製品をつくってブランド化する。「お客さまが他社ではなく当社の製品を買ってくださる理由」を説明できる。

１９９９年創業のネット靴店ザッポスが掲げる理由は明快だ。「破天荒なほど素晴らしい顧客サービス」である。シューバイ（Shoebuy）やオンラインシューズ・コム（OnlineShoes.com）といったほかのネット靴店が、返品を「30日以内」としていたのに対して、ザッポスは販売した全品を対象に真っ先に「３６５日以内なら返品可」という方針を打ち出して、名をあげた。Ｌ.Ｌ.ＢｅａｎやＪ・Ｃｒｅｗは、ネット通販の返品手数料は顧客が負担するものと考えていたが、ザッポスは理由をいっさい問わず、一律に送料着払いでの返品を受けつけた。ＧＡＰのような大手企業も、これにならってネット靴店での配送・返品手数料の自社負担に踏み切ったが、顧客サービス窓口の電話番号はページの下に小さい文字で申し訳程度に載せているだけだ。他方、ザッポスの無料電話番号は、ウェブサイトの全ページに「誇らしげに」（トニー・シェイＣＥＯの言葉）表示されている。しかも電話はすべて、ネバダ州の本社に勤務する地元在住の社員が応対する。応対用の模範原稿もなければ１件の通話に費やす時間制限もない。顧客サービスセンターの業務をノルマつきで外注するのが当たり前のご時世に、ザッポスは前代未聞ともいえる取り組みをしている。ザッポスはまた、思いつくかぎりの手法を駆使して顧客中心を貫こうとする社風を培い、それによってとても大きな差別化を実現している。だからこそ、何百万もの人々がザッポスを愛し、信頼しているのだ（これは、アマゾンが10億ドル以上もの大金を積んでザッポスを買収した理由でもある）。

たしかに、あなたはネット靴店を経営しているわけではないだろう。だが、自分の知力、技能、熱意を売りものにしているはずだ。そして、激しい競争にさらされている。雇い主、共同経営者、出資者など大きな力を持つ人々は、あなたとほかの同じような人材とを比べたうえで誰かに白羽の矢を立てる。「これは」と思うような機会をめぐっては、似たような肩書や学歴を持つ多数の人材が選考対象になるだろう。ほとんどの案件では、あまりに似たり寄ったりの応募者ばかりだから、雇い主や採用担当マネジャーはすぐにげんなりしてしまう（原注２）。違いを見つけようがないのだ。

人材市場でほかと差別化できる進路を望むなら、その第一歩として、「ほかの誰でもなく自分が採用される理由」を語れるようにならなくてはいけない。同じ仕事をしたいと望むほかの人材と比べて、あなたは「前例がない、かけがえがない、より速い、よりよい、あるいはより安い」といった条件にどう当てはまるだろうか？　得難い何かを提供しているだろうか？　珍しくて貴重な何かをもたらしているだろうか？

ただし、あらゆる人と比べて「より速い、よりよい、あるいはより安い」と胸を張れる必要はない。というのも、企業はすべての商品カテゴリー、考えられるかぎりすべてのサービスで他社と競争しているわけではないのだ。ザッポスは売れ筋の靴やアパレルだけに品揃えを絞っている。もし、さまざまな高級品を幅広く取り扱い、極端ともいえるほどの手厚い顧客サービスを提供しようとしたら、どうなるだろう。メリハリが利かず、他社との違いがぼやけてしまうから、お客さまに良質な靴を感動のサービスとともに届ける店にはなれないはずだ。人生の成功はひとつには決まらない。もしあなたがすべてにおいて最高を目指し、誰よりも上を行こうとしたら（グローバル規模の巨大な順位表で上位につけることが「成功」だと信じるなら）、どの分野でもトップに立てず、誰にも勝てずに終わるのが関の山だろう。そうではなく、ローカルな競争をするとよい。これは地域を絞るだけでなく、業界セグメントや技能分野を絞るという意味でもある。つまり、「世界最高のマーケティング幹部を目指す」ではなく、「中小のヘルスケア企業のマーケティング幹部としてピカイチになる」というように。「ホスピタリティ業界で世界一の報酬を得よう」ではなく、「長く働くために、自分の理念に合ったやり方で一流のホスピタリティを提供しよう」というように。この章では、あなたが競争上の強みを培えるような隙間《ニッチ》分野をどう見つけ出せばよいか、その方法を説明する。

競争上の強みは、あらゆるキャリア戦略の土台をなし、「人生で何をすべきか」という馴染み深い問いへの答えを探るのに役立つ。どんな機会を追求すべきかを決める助けとなる。どう自分に投資すべきかの道しるべになる。これらの状況はすべて変わりゆくため、強みの棚卸しは一度で終わるものではなく一生続く。これを実践するには、そのときどきで組み合わせが替わる、３つの動くパズル片について理解しなくてはならない。

方向性と競争上の強みを指し示す３つのパズル片

あなたの強みは絶えず変化する３つのもの、つまり、資産、大志（あるいは理念）、市場環境の相互作用によって決まる。市場環境とは、あなたが人材市場に提供するのと同じものをどれだけの人が提供していて、需要はどれくらいあるか、ということだ。最適な方向を選べば、あなたは持てる資産を活かして市場環境にうまく順応しながら、大切な志の実現を目指すことになる。資産、大志、市場環境のそれぞれについては、いまの時点で明快に理解していなくてもかまわない。次の第３章で述べるように、理解するには実践が一番だ。それでもやはり、３つのコンセプトを紹介しておきたい。そうすれば、これらがどんな働きをするのか、これから述べるキャリアをめぐる決断にどう参考になるのか、しだいにわかってくるだろう。

あなたの資産

資産とは、いまあなたが持っているものを指す。将来の夢を描いたり、プランをつくったりする前に、いまある資産がどう有利に働くかをはっきりさせる必要がある。これは起業家も実践していることだ。卓越した事業アイデアはたいていい、手持ちの資産をこのうえなく見事なやり方で活用している。ラリー・ペイジとサーゲイ・ブリンがグーグルを起業したのも、ドナルド・トランプが不動産ビジネスに乗り出したのも、理由がある。ペイジとブリンはコンピュータ科学の博士課程に在籍していた。トランプは裕福な不動産開発業者の息子として生まれ、父親の会社で5年ほど修行した。3人の事業目標は、それぞれの強み、関心、人脈などから導き出されたのだ。

キャリアに活かせる資産にはソフトな資産とハードな資産の2種類があり、これらから注意をそらさずにいるとよい。ソフトな資産はお金では手に入れることができず、キャリアを成功へと導くうえで目に見えない貢献をする。脳に収まる知識や情報、仕事に活きる人脈とそこで培った信頼関係、鍛え上げた技能、評判や〝自分ブランド〟、得意分野（自分にとって簡単にできること）などである。

ハードな資産とは、企業でいう貸借対照表《バランスシート》の一般的な中身である。財布に入っている現金。手持ちの在庫。机やラップトップ・コンピュータのような形ある持ち物。これらがなぜ大切かといえば、経済的なゆとりがあると金銭面でリスクがあっても大胆な動きをしやすいからだ。一例として、6カ月間の休暇をとり、そのあいだ無給でプログラミング言語のRubyを学ぶなど、新たな技能を身につけられる。あるいは、報酬は少なくても刺激の大きい仕事に移ることもできるだろう。キャリアの転換を図るには、給料がないとせいぜい1、2カ月しか持ちこたえられない人よりも、半年から1年くらいは生活できる人のほうが、選択肢が広い。いや、それどころか遥かに有利だといえる。

ソフト資産の価値は銀行預金のように簡単には把握できないが、最低限の収入が得られるなら、突き詰めていった場合にどちらがより重要かというと、ソフト資産である。仕事上のプロジェクトで優れた手腕を発揮できるかどうかは、預金の多い少ないとはほとんど関係ない。肝心なのは技能、人脈、経験である。ソフト資産はともするとつかみどころがないせいか、キャリア戦略をじっくり考える際に過小評価しがちだ。「マーケティング会社で2年の勤務経験があり……」といった聞こえはよくても漠然とした表現を持ち出しはするが、その2年の経験があったから何ができるのかを、具体的にはっきり伝えることはしないのである。目に見えない富、つまりソフト資産を自分がどれだけ蓄えているかを思い出す何よりの方法は、交流会に出かけて行って、仕事上でどういった悩みやニーズがあるかを参加者に尋ねることである。こうすると、自分は役立ちそうなアイデアを持っているとか、助けになりそうな人を知っているとか、「自分ならすぐに解決できる」と思い当たる機会がどれだけあるかを知って、驚くだろう。貴重なソフト資産を持っていると自覚するのは往々にして、他人にとっては難しくても自分にとっては易しい課題に出会ったときである（原注3）。

ただし、ひとつの資産だけではふつうはあまり価値がない。いくつもの異なる技能、経験、人脈を活かしてこそ、競争力につながるのだ。具体例を挙げよう。筆者たちの友人でMIT（マサチューセッツ工科大学）のメディアラボで所長を務める伊藤穰一は、日本で生まれ、アメリカのミシガン州で育った。20代半ばで母国に戻ると、国内における商用インターネット・プロバイダーの草分けを立ち上げた。その一方ではアメリカでの仲間づくりも怠らなかった。フリッカーやツイッターといったシリコンバレーの新興企業に投資をしたり、アメリカ市場でいち早くブログ製品を提供したシックス・アパートの日本法人を設立したりしたほか、最近ではリンクトイン・ジャパンの立ち上げにも協力してくれた。シリコンバレーで創業まもない企業を資金面そのほかで支援する起業経験者は、ほかにもいる。日米両国にルーツを持つ人物も彼だけではない。しかし、洋の東西を股にかけ、日本語と英語の両方を操り、テクノロジー業界で経験を培った伊藤穰一は、ほかの投資家や起業家に勝る強みを手にしている。

資産の大きさや内訳は一定ではない。自分に投資をすれば資産を拡充できる。これこそがこの本のテーマである。だから、もし「競争力を高めようにも十分な資産がない」などと思っているなら、そんな言い訳をしてはいけない。資産を築く努力をはじめるのだ。同時に、どうすれば弱みを強みに変えられるかを考えてみよう。たとえば、経験不足は特筆すべき資産とは思えないかもしれないが、裏を返せば多くの場合、熱意、興味、その分野について学ぼうとする

大志

次にふたつめの資産、大志について考えてみよう。大志とは、環境やいまの資産構成などと関係なく抱くもので、将来に向けてのとても強い願い、アイデア、目標、ビジョンなどである。あなたの強みの一部をなすこのパズル片は、大切な理念かもしれないし、あるいは知識、自由、お金、誠実さ、権力など、人生で大切なものかもしれない。大志はすべては実現しないかもしれないし、時とともに確実に変化していくはずだ。それでも少なくとも、目指す方向へと舵を取る努力はすべきである。たとえ、途中で方向を変えることになったとしても。

ツイッターの共同創業者兼会長のジャック・ドーシーは、モバイル向けのクレジットカード決済を手がけるスタートアップ、スクエアの共同創業者兼CEOでもある。彼はシリコンバレーにおいて、先見性あふれる製品やサービスを考え出す人物として知られている。設計やデザインを重んじ、スティーブ・ジョブズからゴールデンゲート・ブリッジまで、ありとあらゆる人や物からひらめきを得る。ツイッターとスクエアはともに破竹の勢いで躍進し、企業価値も高騰したが、ドーシーの大志や優先順位は揺らいでいない。ツイッターのサービスはいまも余計なものがいっさいなくスッキリしている。スクエアの小型カードリーダーはいまも洗練されている。ドーシーが抱く、込み入ったものをシンプルにしようとする熱い思いと、デザインを重んじる姿勢が、彼の会社がこれほどまでに発展してきた理由の一端である。製品・サービスづくりで何を優先すべきかをはっきりさせ、いつも変わらぬ体験を顧客に届け、同じような発想に共感する人材を採用できているのも、ドーシーの一貫した大志に基づいているからである。スタートアップにとって、説得力があって指針となりえるビジョンは競争上の強みの大切な一部である。たとえばグーグルの「世界中の情報を整理する」という明快な使命は、このうえなく聡明な技術者たちを惹きつける一方、中身が幅広いため、順応や改良の余地をも残している。

大志は、あなたが人材市場で競っていくうえでの貴重な強みである。理由は簡単だ。関心のあることを仕事にしていれば、一生懸命に取り組めるだろうし、成果もあがるだろう。精魂を傾けて物事に取り組める人は、もっぱらお金を稼ぐためだけに働いている人よりもいい仕事を長く続けるはずだ。自分の仕事人生については、この点を忘れやすい。行き当たりばったりでいまよりも上を目指そうとすると、なりたい自分を意識しなくなってしまう。例を挙げよう。もしあなたがモルガン・スタンレーのアナリストだったら、いまの資産を最も要領よく活かす方法は、社内での昇進を勝ち取ろうとすることかもしれない。銀行業界が苦境に陥っているなら、市場環境に最も手っ取り早く順応するには、会計監査など関連業界で活きる技能を伸ばせばよいかもしれない。だが、それがあなたの本当の関心事だろうか？

とはいえ、ベストセラーの著者やモチベーションの大家によるまことしやかな主張とは裏腹に、あなたの内奥には「本当の自分」が潜んでいるわけではない。内省をとおして見つかるわけでも、あなたを正しい方向へ導いてくれるわけでもないのだ（原注4）。たしかに、振る舞いは野心や願いをもとに決まる。しかし、それらはそもそも行動や経験に左右される。人は、自分の成長に応じて、そして世の中の移ろいに応じて変わっていく。アイデンティティは発見するようなものではない。行動や経験をとおして生まれてくるのだ。

不透明な先行きを受け入れよう。特に、早いうちに。たとえばベン・カスノーカは、自分が知的な刺激を好み、起業や著述活動をとおして実在する人々の人生を変えようとしていることを意識しているが、具体的な方法についてはいまも模索している。起業家で著述家としても活躍するクリス・イェーは、「面白い人たちが面白いことをする」のを手伝うのが自分の仕事上の使命だと述べている。この言葉からは浮ついた印象を受けるかもしれないが、中身は伴っている。面白いことは彼が追い求めている刺激を増やすし、するは「思い描く」ではなく「実践する」ことを意味する。あなたもキャリアを積むにつれて、もっと具体的な、考え抜いた大志を抱くかもしれない。これらは起業家の掲げる使命とさほど違わない。わたしの関心は、起業家精神、テクノロジー、資金調達を活かして、人々の生態系《エコシステム》を構想し、つくりあげることだ。つまり、起業家精神、テクノロジー、資金調達を手段にして、人々をたがいにつなぐネットワークを築くのである。大志はすべて時とともに進化していくのだと、心にとめておこう。

市場環境

3つめのパズル片はあなたを取り巻く現実である。賢明な起業家は、いくらデザインや機能が秀逸な商品でも、顧客に「欲しい」「なくてはならない」と思われなければ利益につながらないと、肝に銘じている（鳴り物入りで発売されながらあまり普及していない電動立ち乗り二輪車セグウェイを考えてみるとよい）。これと同じように、あなたの技能や経験などのソフト資産は、いくら「特別なものだ」という自負があったとしても、人材市場のニーズに合わなければ強みにはならない。もし伊藤穰一が英語以外に操るのが、世界第3の経済大国・日本の言語ではなく、ほとんど知られていないアフリカの方言だったら、テクノロジー企業で働くうえで得難い利点にはならなかっただろう。「市場」は抽象的なものではないことも頭に入れておいてほしい。市場は、上司、同僚、顧客、直属の部下など、人の集まりである。あなたは彼らの判断に影響されるほか、彼らのニーズにも応えなくてはならない。あなたの提供するものは、どれだけ必要とされているだろう。必要とされているとして、あなたは競争相手よりも大きな価値をもたらせるだろうか？

起業家は夢追い人だという言葉をよく耳にする。そのとおりだ。他方で優れた起業家は、いますぐに手に入るものや可能なことに、しっかりと根差してもいる。具体的には、顧客が何にお金を払うかを探り当てるために、多大な熱意や労力を注ぐ。なぜなら、結局のところあらゆる事業の成功は、顧客に対価を払ってもらえるかどうかにかかっているからだ。ひるがえって、自分のスタートアップを成功へと導けるかどうかはどんな場合にも、雇い主、顧客、仲間などに報酬を払ってもらえるかどうかにかかっている。

スターバックスの現CEOハワード・シュルツは1985年、イタリアのコーヒーショップに似た店をアメリカで開こうとしていた。シュルツも仲間も、ただの思いつきで腰を上げたわけではない。まず、自分たちが参入しようとする市場のしくみを知ることに全力を挙げた。ミラノとベローナのエスプレッソ・バーのべ500店を訪れて、できるかぎり多くを学んだ。イタリアのカフェはどんな内外装だろう？ コーヒーをめぐる現地の文化や習慣は？ バリスタたちによるコーヒーの淹れ方は？ どういったメニューが用意されているのか？ 彼らは見聞した中身をノートに書きとめ、店の様子をビデオカメラに収めた（原注5）。起業家にとってこのような市場調査は、創業当初だけ行う一度かぎりのものではない。デービッド・ニールマンはジェットブルーという航空会社をみずから興し、最初の7年はCEOを務めた。そのあいだ、少なくとも週に一度は自社便に乗り、客室で接遇にあたり、その経験をブログに記した。「わたしは毎週ジェットブルーの飛行機に乗り、お客さまと言葉を交わします。こうすると、よりよ

い航空会社になるための方法が見えてきますから」(原注6)

シュルツやニールマンはそれぞれ、起業にあたって壮大なビジョンを掲げていた。それでも、いったん営業をはじめると、初日から顧客や利害関係者のニーズに焦点を合わせた。あれだけの知性とビジョンを備えた人々だから、友人のベンチャー・キャピタリスト、マーク・アンドリーセンの「市場が存在しなければ、どれだけ賢くても振り向かれない」という口癖の意味を、肝に銘じていた。これと同様に、あなたがどれだけ懸命に働いてきたか、自分の野心にどれだけ情熱を持っているかは、大きな意味を持たない。もし人材市場で労働への対価を支払ってもらえないとしたら、とても辛いだろう。報酬を得る権利が与えられないのだから。

市場環境の調査は、手かせ足かせのある後ろ向きの仕事とはかぎらない。波に乗った業界、場所や地域、人、企業はどんなときにも存在する。波に乗れる立場に身を置こう。中国経済、アメリカでいま注目の政治家コーリー・ブッカー、環境に優しい消費財は、いずれも大きな潮流を生み出している。こうした潮流に乗ること、つまり、市場環境を逆風ではなく追い風にすることが、職業人生で大きな成功を収めるカギである。

パズル片を組み合わせる

　優れたキャリアプランは、資産、大志、市場環境の相互作用から生まれる。これら3つのパズル片がぴたりと組み合わさる必要がある。たとえば、大切な技能を伸ばしても、それだけで競争力が身につくわけではない。たとえ情熱の向くことがらに秀でていたとしても、誰かが報酬を支払ってくれるとはかぎらない（大志と資産がマッチしても、市場環境がそれにふさわしくないかもしれない）。同じ仕事を別の誰かがもっと安い給料で確実にこなせたら？　あるいはそもそも、その技能へのニーズがなかったら？　これでは大きな競争力があるとはいえない。情熱のおもむくままに突き進んでも、明るいキャリアが手に入るとはかぎらない。情熱はあっても、他人と比べて手腕が劣っていたらどうだろう？　それに、市場環境にむやみに合わせようとしても、長続きしない。病院の看護師が不足しているなら、看護師の資格を持った人材の需要があるわけだが、だからといってあなたが看護師を目指すべきだとはかぎらない。どれだけ需要があったとしても、適性を備えていて情熱を傾けなければ、その分野で大きな競争力を発揮できないだろう。

　だから、資産、大志、市場環境の3つを、互いに比べながら品定めしよう。これをたびたび実行するとよい。どのパズル片も時とともに大きさや形状が変わるから、3つの合わさり具合も一定ではないはずだ。市場で競争力を培うには、キャリアの分岐点に差しかかるたびに、3つをうまく組み合わせなくてはならない。

わたしは長いあいだ、ビジネスが自分の資産、大志、市場環境に適するとは考えていなかった。高校時代はバーモント州の進歩的なパトニー・スクールに通い、メープルシロップづくり、牛追い、認識論など実用的なテーマをめぐる先生たちとの討論に熱中した。大学と大学院では、認知科学、哲学、政治を学んだ。そして、世の中をよくするのが自分の大志だと信じるようになった。最初は、学者や文化人を目指そうとした。当時のわたしは飽きっぽく（これはいまも変わらない）、注意散漫なせいで計画どおりに物事を進められなかった。学問の世界では、思いやり、自己啓発、知の探求の意義について考えたり、書いたりして、永遠に刺激を受け続けられるだろうと思っていた。これらアイデアの実践を多くの人に働きかければ、もっと高潔な社会をつくれるのではないかと。

ところが、大学院は刺激に満ちてはいたが、ごくごく狭い分野の専門家を育てようとする気風や動機のうえに成り立っていた。学者が書くものは、ふつうは50人くらいの学界エリートだけを対象としていた。一般の人々に自分の考えを広めようにも、そんな学者への後押しはほとんどなかった。こうして、何百万もの人々に幅広い影響をおよぼしたいというわたしの志は、学問の世界という市場環境に阻まれて砕け散った。

わたしはキャリアの方向性を改めた。新たに目指したのは、起業とテクノロジーの力によってよりよい社会を築くことだった（詳しくは次の第３章に譲る）。状況に応じて方針を改め、産業界への転身を考えはじめたころ、ＮｅＸＴなどの会社で働く大学の同級生にざっくばらんに話を聞いた。電話をかけて、どんな技能を学ぶ必要があるか（例：製品仕様書の作成など）、どういった人脈を広げるべきか（例：エンジニアと仕事上の付き合いを持つなど）を知ろうとした。アップルに入社してテクノロジー系の仕事に初めて取り組んでいたあいだ、製品の実物大模型をつくるため、アドビのＰｈｏｔｏｓｈｏｐ《フォトショップ》の使い方を学ぶ必要に迫られた。哲学を学んでいたころは、週末に自室にこもってＰｈｏｔｏｓｈｏｐに熟達するのが重要だとは、考えてもみなかった。だが、製品開発の道で生きていくにはＰｈｏｔｏｓｈｏｐを使いこなせることが必須だったから、業界内で上を目指すためにこれを学んだ。人材市場の現状と自分の本来の興味など、考慮すべきいくつものことがらのバランスをとるには、取捨選択が避けられない。

テクノロジー業界でキャリアを積んだ後も、わたしはもともとの大志を捨ててはいない。むしろ、大学院で研究した個人の独自性《アイデンティティ》やコミュニティへの貢献といったテーマは、ソーシャルウェブ、オンライン・ネットワーク、マーケットプレイスなど、起業家としていま情熱を傾けている対象と関係している。以上のようなテーマに長年にわたって興味を持ってきたからこそ、壮大なインターネット・プラットフォームを創造するための業界スキルが身につき、差別化を図ることができた。

最近ではキャリアを少し軌道修正して、ベンチャー・キャピタル（VC）のグレイロックでベンチャー投資も手がけるようになった。このときも、自分の資産をよりどころにして、自分が置かれた環境のなかで大志の実現を目指した。わたしは数々の大がかりな事業を運営してきたから、この点が、ファイナンス畑出身、あるいはかぎられた事業経験しかないベンチャー・キャピタリストとの差別化につながっている。起業家と組んで彼らの成功を後押しするうえで大きな武器になっているのだ。しかも、人間の巨大な生態系《エコシステム》をつくってそのあり方を決める起業家たちと一緒に仕事ができるから、社会の大々的な改良に貢献できる。これは文化人としてのわたしの大志に一致する。3つのパズル片がうまく組み合わさっているのだ。

強みはどれも万能ではない：競争の少ない場所を選ぼう

競争で優位に立つ方法として誰の目にも明らかなのは、資産を拡充することである。新しい技能を身につけるのはその一例である。もちろんこれは賢明な方法だが、ほかにもこれと同じくらい効果的なやり方がある。自分のいまの資産が競争相手よりも輝いて見えるように、隙間《ニッチ》市場に参入するのだ。大学バスケットボール界で一流であっても、アメリカ国内でプロとしてやっていけるほどでない選手は、えてしてヨーロッパに渡ってそこでプロ生活を送る。技能の中身を変えるのではなく、代わりに環境を変えるのだ。競争があまり厳しくない市場に参入すれば、優位性を発揮できるからである。

　スタートアップにとっては特に、競争の有無や度合いは死活問題である。リンクトインはサービス開始当初から、競合サービスとは異なる路線をとった。２００３年当時、競合他社は主に企業を柱にしてサービスを組み立てていた。人々のプロフィールや特徴を特定の企業や勤務先と結びつけていたのだ。これに対してリンクトインは、人を中心に据えた。創業の理念は、誰もがアイデンティティを自覚してみずから管理すべきだというものだった。他社の人たちともつながって、いまの仕事の成果を高めるばかりか、転職の際には魅力的な機会を見つけるのが望ましいだろう。リンクトインの発想は正しかった。フレンドスター、マイスペース、そしていまではフェイスブックといった大規模なソーシャル・ネットワークは人気があるが、どれも、専門性の高い人材《プロフェッショナル》のニーズに本当の意味では応えていない。リンクトインはプロフェッショナルに重宝される機能に力を入れ、写真共有やゲームなど、彼らの競争力向上に役立たない機能は設けない方針を貫いている。金メダルを獲得できる分野で戦い、自社が定めた土俵で競争相手に先行している。

　あなたも、まわりにいる賢い人たちとの差別化になりそうな選択をすると、リンクトインと同じように、人材市場でニッチ分野を開拓できる。ベンチマーク・キャピタルというＶＣの共同経営者《パートナー》を務めるマット・コーラーは、20代後半から30年代前半にかけての6年間を、インクトインとフェイスブックのCEO、つまりわたしとマーク・ザッカーバーグの右腕として過ごした。卓越した才能を持つ人々はたいてい、みずからスポットライトを浴びたがり、懐刀としての役目をうまく果たす例は珍しい。だから、トップの右腕というポストは、競争が少ない反面、大きな機会に恵まれているわけだ。マット・コーラーは任務を見事に果たし、その過程で実績と人脈の両方を築き上げた。人材市場でこのように他者と一味違う立場を選ぶことによって、彼は一流ベンチャー・キャピタルのパートナーになるという長年の目標を果たす下地をつくった。

●
●
●

3つのパズル片が活きるのは、優れたプランに組み込まれたときである。次の章では、プランニング、修正、そして**実行**というテーマを掘り下げていく。

自分に投資をしよう

明日すること――

●リンクトイン上で自分のプロフィールを書き直そう。簡単な自己紹介をとおして強みをわかりやすく伝えるのだ。「○○○（技能、経験、長所など）があるため、△△△（同じ業界に属する特定タイプの人材）よりも×××（職種や仕事の種類）に高い手腕を発揮できます」と主張できるのが望ましい。

●仕事で付き合いのある人々は、あなたの競争上の強みをどう表現するだろうか（右の文章をどう埋めるだろうか）？　それがあなたが書いた中身と食い違っているなら、あなたは正しく自己評価できていないか、自分をうまくマーケティングできていないか、どちらかだろう。

来週すること――

●自分と似たような大志を掲げて懸命に努力する人を3人見つけて、彼らと自分を比べよう。彼らは何を差別化要因にしているだろう？　これまでの道のりは？　彼らのリンクトインのプロフィールをブックマークに追加して、ブログやツイッターを読もう。彼らの仕事人としての進化を追いかけ、そこからヒントやひらめきを得よう。

●リンクトインやツイッターでいまの勤務先や興味のある企業のアカウントを探し、それぞれを「フォロー」しよう。こうしておくと、新しい機会や課題が持ち上がったときに気づきやすく、様子をうかがいやすい。

●市場環境を踏まえながら自分の主な資産を書き出そう。悪い例：人前で話すのを得意とする。よい例：エンジニアリング関連のテーマについて人前で話すことにかけて、たいていの技術者よりも秀でている。

来月すること――

●カレンダー、日誌、過去のメールなどを見直して、最近6回の土曜日をどう過ごしたかを振り返ろう。急ぎの用事がないときは何をしているだろう？　余暇の過ごし方からは、あなたの本当の興味関心や大志が浮かび上がってくるかもしれない。それを、「自分の大志はこれです」と人前で語る中身と比べてみよう。

●自分がいま、仕事上でどんな付加価値を生んでいるかを考えてみよう。もし不意に出勤を取りやめたら、どんな仕事が滞るだろうか？　あなたが欠勤した日は、会社はどんな様子だろう？　ここから、あなたがどんな付加価値を生んでいるかがわかるだろう。よく褒められるのはどういった点か、考えてみよう。それがあなたの長所ではないだろうか。

●成長市場や先行き有望なチャンスの探求に重点を置きながら、自分のソフト資産をどう増やすかプランを立てよう。もしかしたら、中国を訪れる、クリーンテクノロジーについてのカンファレンスに参加する、ソフトウェア・プログラミング講座を受ける、といったプランが出来上がるかもしれない。自分のプランを信頼できる相手3人にメールで送り、「確実に実行するよう発破をかけてほしい」と頼もう。必要なら、プランの実現にかかるお金を用意しよう。

人脈を活かそう

信頼できる相手3人と会い、あなたの最大の長所は何だと思うか聞いてみよう。彼らに何かひとつのトピックについて後押しやアドバイスを求めるとしたら、それはいったい何だろう？

第3章

順応へのプラン

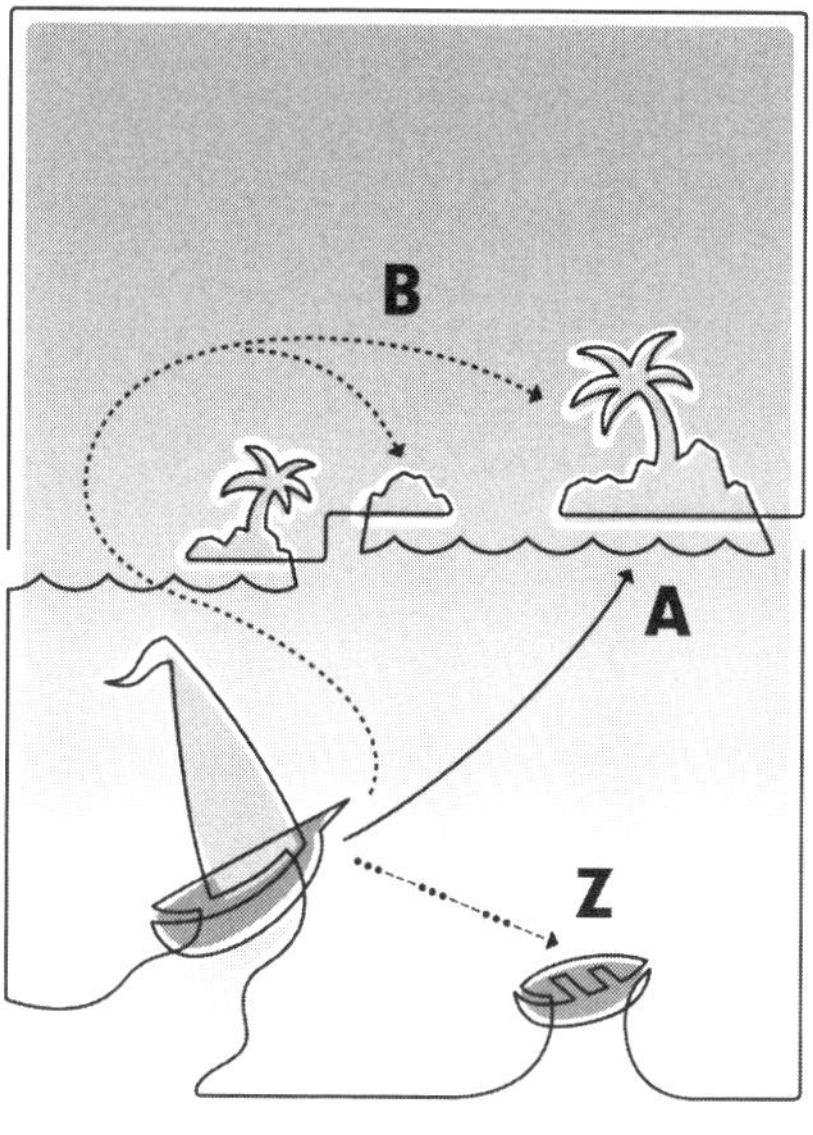

史上最も売れたキャリア本は、『あなたのパラシュートは何色？』（リチャード・ボウルズ著、翔泳社）という一風変わったタイトルである。ちなみにこの問いは、キャリアプランを描く際にはふさわしくない。むしろ、「状況が変わりゆくなかでも、自分のパラシュートはいつまでも浮かんでいられるだろうか？」と考えてみるべきである。残念ながら、仕事をめぐる最近の環境のもとでは、あなたのパラシュートはたとえ何色であろうとズタズタになるおそれがある。いまは大丈夫でも、いつなんどきそんな災難が降ってくるかもしれない。

『あなたのパラシュートは何色？』の第1章には、「職探しをはじめる前に、情熱、人生の目的、使命など、自分の探しものが何かをはっきり意識することが大切である。……まずは情熱ありき。職探しはそれからだ」（原注1）と書かれている。これは、初版刊行から40年以上を経てもなお、金言として受け止められている。似たような助言にはいたるところで出会うだろう。『7つの習慣――成功には原則があった！』（スティーブン・R・コヴィー著、キングベアー出版）の第2の習慣は「目的を持って始める」である。つまり、自分の目的に焦点を当てて使命を書き出すべきだというのだ。『人生を導く5つの目的』（パーパスドリブンジャパン）の著者リック・ウォレンは、わたしたちはみんな神から与えられた目的を持ってこの地球上に生まれてきたのだ、と語りかけている。

発行部数が合計5000万部を超えるこれら本の柱をなすメッセージは、「自分の心の声に耳を傾け、情熱に従おう」というものだ。同じメッセージをしたためた本は、ほかにも星の数ほどもある。ワークシートを埋めたり、深く自省したりして、ほんとうの目的を探り出そう。使命を胸に刻んだら、今度はそれを果たすために長期のプランを立てる番である。具体的で詳しい目的を決めなくてはいけない。自分はどんな人間か、10年後にはどうなっていたいかを確かめたうえで、今度は時間をさかのぼり、そこへたどり着くための道順を決めるように――。

この発想には重要な利点がある。価値ある大志を抱くのは大切なことである。情熱を持っていれば、楽しみながらそれに打ち込み、より大きな成果を得られるだろう。自分の将来に投資をするのも適切な選択である。すぐに諦めてしまったのでは、得意かどうか、好きかどうかはわからないのだから。

これらの長所を持つ前記の発想は、過去数十年は正しかったのかもしれないが、いまでは、この発想をもとにキャリアプランを立てることにはいくつか大きな問題がある。そもそもこれは、世の中は不変だという前提に立っている。しかし、第1章で述べたように、仕事をめぐる環境は以前とは様変わりしている。10年後の「なりたい自分」を思い描いて、そのためのプランを立てたとしても、環境が変わらないならうまくいくかもしれない。もし、仕事人生でA地点からB地点へ行くのが、穏やかな夏の日に湖の反対側へボートで渡るようなものなら、問題はないだろう。だが、あなたが身を置くのは静かな湖ではない。荒れる大海原である。従来のキャリア・プランニング手法は、比較的安定した状況では有効であっても、変化が目まぐるしく先の見えにくい状況では、仮に危険ではなかったとしても、効果はごくかぎられる。あなたは時とともに変わるだろう。まわりの環境も、仲間や競争相手も変わるだろう。

右で紹介した発想にはほかにも問題点がある。「揺るぎない自己像を正確につかむのは簡単だ」という前提に立っているのだ。実際には、アイデンティティや道徳上の目的をめぐる高尚な問いは、「自分は何を強く望んでいるのか」といった表面的にはシンプルに思える問いと同じく、答えを出すのに時間がかかるうえ、しばしば答えそのものが変わる。あなたが人生のどのステージにいても、自分の人生の中心をなすたったひとつの夢を探り当てようとするのは、賢明とはいえない。

3つめの問題点として、第2章で述べたように、たとえ「天職を見つけた」と胸が高鳴ったとしても、稼ぎにつながるとはかぎらない。夢の仕事をさせてくれる雇い主に出会わなかったり、望む暮らしをするだけの給料を稼いで経済的に自立できなかったりしたら、情熱を糧にキャリアを切り開こうとしても、うまくいきそうにない。

では、どうすればよいのだろう。プランを立ててそれに従うべきか、それともしなやかさを失わずにいるべきか？　自分の気持ちに従うべきか、それとも市場の声に耳を澄ますべきか？「両方」必要だというのが答えである。そもそもこれらを選択肢として並べるのが間違っている。起業家も、不合理にもふたつのうちひとつを迫られることが多い。彼らのもとには、「ビジョンの実現に向けて初志を貫徹しなくてはいけない」「市場の声をもとに事業に変更を加える心構えを持つべきだ」といった声がいろいろなところから届く。「熱心に打ち込める対象をビジネスにすればよい」「顧客ニーズにも対応するように」という声も。

波に乗る起業家は両方を実践している。彼らはしなやかさを失わずに粘り抜く。自分の理念やビジョンに合った会社を興すが、環境に順応するための柔軟性も持ちつづける。顧客の意見をしきりに気にする一方、それに従うべきではない場合も心得ている。市場で押しも押されもしない優位を手に入れるために簡単なプランをつくるが、状況によってはプランにしがみつかずに、機転を利かせて必要な行動をとる。そしていつでも、市場でほんとうの競争力を培おうと奮闘している。

いまの世の中で「自分のスタートアップ」にうまく取り組んでいくには、キャリアプランをつくる際もこれと同じことをすればよいし、しなくてはならない。この章ではその方法を紹介していく。

順応力のあるスタートアップ、順応力のある仕事人生

写真の保存・共有サイトとしてひときわ人気の高いフリッカー。そのサーバー上には50億枚以上の写真があると推定される。もっとも、創業者は写真の専門家ではない。それどころか、カテリーナ・フェイクとスチュアート・バターフィールドは、ジェイソン・クラッソンと組んでフリッカーを興したとき、写真共有サービスを始めようなどとは夢にも思っていなかった。

2002年に提供した最初のサービスは、多人数参加型の「ゲーム・ネバーエンディング」というオンラインゲームだった。当時のゲームの仕組みではたいてい、同時に参加できるのはひとりまたは多くても数人がせいぜいだった。だが、フェイクとバターフィールドは、同時に数百人が参加できるゲームを開発したいと考えた。この目的のもと、ゲームよりもむしろ「遊びをうながしてお膳立てするためのソーシャル空間」をつくるプランが立てられた。このソーシャル空間に人々を惹きつけて離さないために、グループやインスタント・メッセージ、そして後者に付随する写真共有といったソーシャル機能を設けた。大多数の機能と同じく写真共有も超特急で開発した。着想から実現まで8週間しかかかっていない。

ゲーム・ネバーエンディングに写真共有機能がお目見えしたのは2004年だが、当時これ

は大切なものとは見られていなかった。写真は、ゲームをしながら獲得した褒美と同じように、参加者どうしが交換できる数々のアイテムのひとつにすぎなかった。ところがまもなく、写真共有サービスが肝心のゲームをしのぐ人気を誇るようになった。経営陣もしだいにこれに気づき、選択を迫られた。長期プランに従ってゲーム・ネバーエンディングの開発をつづけながら、写真共有サービスの拡大を図るべきか。それとも、2万人もの熱心な利用者がいるゲームを棚上げしてでも、貴重なヒト、モノ、カネの大半を写真共有につぎ込むべきか。彼らは最初のプランから離れて、写真共有のアプリケーションとコミュニティをつくることに全力を傾けることにした。そしてサービス名をフリッカーに決めた（わたしはこれが独立のサービスになった時点で投資に乗り出した）。

　フリッカーは瞬く間に何百万ものネットユーザーに愛用されるようになった。共有やタグづけといったソーシャル機能は、母体となったゲームが備えていたＤＮＡ（遺伝子）から自然と生まれており、市場の声をもとに差別化を図った後も損なわれなかった。２００５年にフリッカーはヤフーに買収され、ウェブ２・０の申し子となった。ただしフリッカーの進化の跡は、シリコンバレーの成功ストーリーであるだけではない。鮮やかな順応を果たした生きた事例でもあるのだ。創業者たちは最初から休みなく走りつづけ、何がうまくいくかを探るために試行錯誤を重ね、そこから得た教訓をもとに速やかにプランを変更した。

これとまったく同じ戦略を、強い感動を呼ぶような仕事人生を送る人物たちも採用している。シェリル・サンドバーグもそのひとりだ。彼女は現在、フェイスブックのＣＯＯ（最高執行責任者）として日々の業務運営を取り仕切るほか、ディズニーとスターバックスの取締役も務めている。『フォーチュン』誌からは、産業界で最も影響力ある女性のひとりに選ばれている。

「これほど輝かしい足跡をたどってきた人なら、自分の目標や大志を最初から意識していて、それらを達成するために、綿密で野心的なキャリアプランに従ってきたのだろう」と思うかもしれない。しかし、その推測は外れる場合もある。サンドバーグは、絵に描いたようなキャリアプランを描き、そのとおりに生きてきたのではない。実際、理想に燃える経済学部生だった彼女は、いつの日か自分が民間企業で働くとは、まして世界で有数の価値を誇る企業の経営者になるなどとは、想像さえしなかった。社会人としての第一歩を踏み出したのは、シリコンバレーからは地の果てほども遠いインドである。世界銀行の公衆衛生プロジェクトに携わったのだ。「恵まれない人々のために尽くして世の中を変える」という深い信念に沿った最初の仕事だった。サンドバーグが育った家庭では、政治に関わるのは食事をしたり、呼吸をしたりするのと同じくらい当たり前のことだった。医師だった父親は休暇のたびに家族を連れて発展途上国を訪れ、現地の貧しい人々に無償で手術をほどこした。母親は旧ソ連の反体制派を支援するために、石けんに見せかけたホワイトチョコレートの密輸入を助ける運動に加わっていた。ホワイトチョコを闇市場で売れば、反体制派の人々は喉から手が出るほど必要とする資金を得られたのだ。サンドバーグは、自由と大きな機会のある国アメリカに生まれた幸せを痛感し、何とかしてそのお返しをしたいと強く願うようになった。

とはいえ、世界銀行で何年か働いた後は方向転換して公共の仕事を離れた。ハーバード・ビジネススクールに入学して、MBA（経営学修士号）を得たのだ。学窓を巣立つとビジネスの世界に飛び込み、経営コンサルティング会社のマッキンゼーで1年働いたが、「企業で職歴を積むのは自分には合わない」と感じた。こうしてふたたび方向転換を図り、今度はワシントンDCに赴いて1996年から2001年まで、ローレンス・サマーズ財務長官の主席補佐官を務めた。インドの貧民に医療・保健サービスをほどこす仕事ではなかったが、多くのアメリカ人の暮らしを向上させる政策の立案を手伝った（注目すべき点がある。サマーズのもとで働いたのは偶然ではなかったのだ。かつて経済学の教鞭をとっていたサマーズは、サンドバーグにとって学生時代の恩師にあたり、世界銀行へ引っ張ってくれた人物でもあった。サンドバーグはいつでも、次のチャンスを見つけるために慎重に自分の人脈を活かした。詳しくは後述する）。

2001年にクリントン大統領が退任すると、サンドバーグは財務省で会ったことのあるグーグルのエリック・シュミットCEO（当時）に、次はどのような道へ進むべきか助言を求めた。さまざまな選択肢の長所と短所を詳しく並べると、シュミットはこう語ったという。「いやいや。つまらない分野はよしたほうがいい。成長著しい分野に行くことだ。急成長するところにはチャンスがあふれているからね」（原注2）。これはとても貴重なアドバイスである。もともと勢いのある市場で働こう。大きな波に乗るのだ。

2002年にこの条件に当てはまる企業といえばグーグルだった。シュミットの誘いを受けたサンドバーグは、グーグルに入社してグローバル・オンライン・セールス＆オペレーション担当副社長に就任した。彼女の指揮のもと、カリフォルニアを拠点とする人員わずか4人の所帯は、数千人を擁するグローバル組織へと拡大し、アドワーズとアドセンスという2つのオンライン広告サービスを発展・成長させるうえで大きな役割を果たした。これらサービスはいまなお、グーグルの収益のかなりの部分を稼ぎ出している。

公共セクターから民間セクターへ、連邦政府の重要ポストからシリコンバレーの組織立った混沌《カオス》へ。これでは唐突、いやそれどころか、行き当たりばったりだという印象さえあるかもしれない。ところが実際には、サンドバーグの持つ資産と大志、市場環境の相互作用に照らせば、どの動きもみな理屈に合っていた。彼女の磨き上げられた経営手腕は、成長街道を驀進《ばくしん》する企業に役立つだろう。経済学の素養は、新種のオンライン広告の販売モデルを築くうえで有用だろう。しかもグーグルの掲げる使命は、「よりよい世界を実現する」という理念に根差している。この会社で6年働いた後、サンドバーグはマーク・ザッカーバーグに請われてフェイスブックのCOO（最高執行責任者）に就任し、今日にいたっている。

フリッカーとシェリル・サンドバーグには共通項がある。どちらも、世の中で前提とされている「成功への道のり」と違う道をあえて歩んでいるのだ。フリッカーの軌跡は、「勝ち組スタートアップは彗星のように現れて、創業者の目の覚めるようなアイデアの力で世界を制する」という見方に反する。現実には、たったひとつの秀逸なプランだけを実行する企業など一握りにすぎない。たいていは立ち止まっては進み、また立ち止まっては進むということを繰り返し、瀕死の経験を何度か重ね、かなりの程度まで環境に順応する。ピクサーは、デジタルアニメ制作向けのコンピュータを販売する会社として出発した。映像制作に参入したのはしばらくしてからである。スターバックスも、もともとはコーヒー豆の販売だけを手がけていて、コーヒーをカップに注いでお客さまに供するつもりはなかった。

サンドバーグの足跡も、「大成功した人々は、若くして天職を悟り、将来への青写真を描き、あとは成就に向けてひたすら青写真に従うのみだ」という思い込みを裏切る。20代はじめにキャリアプランをつくり、あとは脇目も振らずにそのレールの上を走りつづけた、というわけではない。たくさんのドミノを並べて最初の1枚を倒し、あとは時とともに残りのドミノが次々と倒れていくのをただ眺めたのではない。ひとつのキャリアプランに縛られずに、新たなチャンスが現れるたびにそれを品定めした。その際には、自分の増えゆく知力と経験、両方の資産を考えに入れてきた。転身を図るときも、自分にとってほんとうに大切なものを決して見失わなかった。「わたしがプランを持たないのは、プランがあるといまの選択肢だけに縛られてしまうからです」（原注3）

傑出したプロフェッショナルのあいだでは、サンドバーグ流は異端ではなく常識である。たしかにビル・クリントンは16歳で政治の道を志し、そのころにはすでに大統領の座を視野に入れていた。しかし、わたしたちの大多数は紆余曲折を経ながら人生を送る。イギリスのトニー・ブレア前首相は、1年ほど音楽業界でロックの広報宣伝の仕事に挑戦した後、政治の世界に入った。昼のトーク番組のホストとして有名なジェリー・スプリンガーは、かつてシンシナティ市長を務めていた。いまや世界的な歌い手となったアンドレア・ボチェッリには、弁護士だった時代がある。素晴らしい仕事人生は、素晴らしいスタートアップと同じように、「永遠のベータ版」である。つまり、いつまでも発展途上にあるのだ。

ただし、頭に入れておいてほしいことがある。起業家精神の旺盛な企業や人は絶えず進化をつづけているが、彼らは成り行き任せではなく秩序立てて判断をくだすのだ。たとえ固まったプランはなくても、ほんもののプランづくりは進行している。このような順応性の高いしっかりしたプランづくりを、わたしたちは「ＡＢＺプランニング」と呼んでいる。この章では以下、

ＡＢＺプランニングについて述べていく。

ＡＢＺプランニング

ＡＢＺプランニングはいわば、「あなたのパラシュートは何色？」に代表されるキャリア・プランニング手法の向こうを張るものだ。試行錯誤をよしとする順応性の高い手法である。これを用いると、積極的に上を目指す一方、好ましくないリスクを和らげることができる。ＡＢＺプランニングは、社会に出たばかりのころに一度だけ行うようなものではない。ピカピカの新卒者にも、40代、50代の人にも、同じように重要なのである。仕事人生には、出発点、折り返し点、ゴールがあるわけではなく、年齢やライフステージに関係なくいつまでもプランニングと順応をつづけていくべきなのだ。

では、Ａ、Ｂ、Ｚは何を表すのだろう？ プランＡは現状を指す。いまあなたが競争上の強みをどう活かしているか、それがプランＡである。このプランを実践しているあいだにも、何かを学び、身につけながら、微調整をしているはずだ。何度もやりなおしをするのである。プランＢは、目標や目的、あるいはそこにたどり着くルートが変わった場合に採用するもので、一般にプランＡと大枠では同じである。プランＡからプランＢに切り替えるのは、プランＡではうまくいかないとか、いまよりも素晴らしい機会が見つかった、といった事情によるだろう。どちらにしても、プランBの中身を細かく書き出すのは勧めない。書き終えた後に状況が大きく変わってしまうだろうから。ただし、どう動くべきか、どんな選択肢や代替案があるのかは考えよう。ひとたびプランBに切り替えてその路線でいくと決めたら、今度はそれがあなたにとってのプランAとなる。サンドバーグにとっては、20年前は世界銀行がプランAだった。そして現在ではフェイスブックがプランAである。

プランZはイザというときの備え、つまり救命ボートのようなものだ。ビジネスでも人生でも、いつも最前線で活躍しているのが望ましいだろう。もし失敗して路頭に迷うようなら、そんな失敗はとてもではないが受け入れられない。だから、もしキャリアプランがどれも行き詰まったり、人生の方向性を大きく変えたかったりする場合にも、プランが必要なはずだ。それがプランZである。この備えがあれば、プランAやプランBに不透明さやリスクがあっても、受け入れることができるだろう。

章の後半ではキャリアプランの各段階について詳しく述べるが、まずはA、B、Zどのプランかにかかわらず、あらゆる段階に当てはまる一般的なヒントを示したい。

自分の競争上の強みをもとにプランをつくる

キャリアプランは、自分の資産を活かして大志の実現へと近づくための、市場環境を踏まえたものであるべきだ。第1章でも述べたように、問題は、これら3つのパズル片が休みなく変化していることである。だから、それぞれについて知識や経験をもとに仮定を立てるのが精一杯だろう。「自分はXを得意としていて、Yを志している。そして市場はZを必要としているはずだ」というように。プランはどれも例外なくこのような仮定の上に成り立っているが、優れたプランは仮定がはっきりしているから、時とともに経過を確かめられる。本来、「プランがうまくいくためにはこれが真実でなくてはいけない」ということがらは、明確にしたほうがよい。仮定は具体的な行動につながるものであるべきだ。「株主価値の最大化」のように漠然とした使命を掲げた企業も少なくないが、伝説的な経営者ジャック・ウェルチが指摘しているように、「これでは毎日会社に来て何をすればよいかがわからず、戦略とはいえない」（原注4）のである。同じように、「面白い人々が面白いことをできるよう助ける」「人々の生態系《エコシステム》を構想する」といった大まかな大志を抱く人もいるだろう。しかし、ほんとうのプランニングとは、大志を実現するための具体的な手順を決めることを意味する。

学びを大切にする

多くの人は、社会に出て収入を得るまでに23年もの歳月を学びに費やす。高校を中退した人のほうが、なかなか社会に出ずに化学を勉強する人よりも、さしあたっては稼ぎがよいかもしれない。とはいえ長い目で見れば、知識や技能などのよりどころを持っているほうが高収入を得られるだろうし、有意義な人生を送れる可能性はとても大きいはずである。これが現実なのだ。スタートアップの世界にもこれと似たような考え方がある。「創業まもない時期は収益性よりも学びを重んじて、将来的に最大限の収益を得られるようにしよう」というのである。

残念ながらほとんどの人は、社会に出たとたんに何かを熱心に学ぶのをやめてしまう。知性を高めるための本を手にする代わりに、株式や債券についての本を読むのである。同僚と自分を比べるときも、関心の的はどんな教訓を学んだかではなく、どれだけの給料を得ているかだ。株式市場には投資をしても、自分への投資は疎《おろそ》かにする。要するに、ソフト資産ではなくハード資産を重視するのである。これは誤りである。ここでは、無精ヒゲを生やして空腹を我慢するような大学院生活をいつまでもつづけるように、などと述べているのではない。収入を得て資産を築くのは必要なことだ。それでもやはり、自分と世界について学ぶ絶好の機会が得られるようなプランを、できるかぎり優先しよう。そのほうが、長期的には収入が多くなるばかりか、仕事人生がいっそう充実するだろう。「ソフト資産がいちばん早く増えるのは、どのプランだろう？」と胸に手を当てよう。もっとシンプルに、「学びの機会がいちばん多そうなのは、どのプランだろう？」でもよい。

実践をとおして学ぶ

起業家は、試行錯誤をとおして仮説を確かめながら、未知の領域で前へと進んでいく。起業家や認知・学習の専門家なら誰でも、「実用的な知識を身につけるなら、考えたり、プランづくりをしたりするだけでなく、実践するのが何よりの方法だ」と言うだろう。フリッカーでは、多人数参加型のゲームが最も有望だという前提を置いていた。ほんとうの宝の山が見つかったのは、サービスを開始し、利用者の反応を読み取り、何週間かおきに写真共有のような新しい付加機能を設けることによってであった。リンクトインでは当初、招待制、つまり、会員が信頼できる知り合いをメールで招待するかたちを想定していた。招待制にして会員数の増加に弾みをつけようというプランだったのだ。ところが実際には、クチコミを広めるには、会員にアドレス帳をアップロードして知り合いを探してもらうのがいちばんの近道だった。

キャリアプランも同じである。走りはじめないことには、どのプランが最もよいのかわからない。わたしも大学院に進んで初めて、学者になるのは性《しょう》に合わないと悟った。ビジネスの世界に転身するときは、「複雑なことを記憶して抽象的な中身を理解する能力が、自分の競争上の強みだ」と思い込んでいた。しかし、現実に働きはじめると、個人の心理と社会の力学の両方について、壮大なスケールで同時に考える力こそが、ネット業界における自分の最大の強みだと気づいた。

実地をとおして学ぼう。医薬品業界に飛び込んでやっていけるかどうか自信がない？　ならばファイザーで6カ月間インターンとして働かせてもらい、人脈をつくりながら相性を探ろう。いまの仕事よりマーケティングか製品開発のほうが向いているのか、確かめたい？　勤務先にも、マーケティングや製品開発の部門があるなら、手弁当での応援を買って出よう。どんな場合でも、自分の仮定が正しいかどうかを現実と比べて判断する材料は、プランではなく実践からもたらされる。行動してこそ、自分が目指すのはどこか、どうすればそこへたどり着けるかが見えてくる。

後戻りの利く小さな賭けをする

試行錯誤を前提としたキャリア・プランニング手法を用いると、当然ながら時として失敗もあるだろう。試行「錯誤」はそもそも誤りという意味を含んでいるのだ。だが、その誤りがいつまでもつづくとはかぎらない。優れたプランAも、中止、後戻り、プランBへの移行などがありえる。優れたプランAといえども、失敗のコストが最も低いだけだから、社運を賭けてはいけない。少しずつ手直しをして、何かを経験するたびにそこから教訓を得るのだ。まずは「お試し期間」を設けよう。本業を辞めずにおくのである。ＡＢＺプランニングでは、ほんとうの教訓が得られるかぎりは、挽回の利く失敗はしてもかまわない。

2手先を考える

プランニングと順応を心がけるとは、自分の将来について慎重に考えることを意味する。給料が高い、世間体がよい、といった仕事の機会が最初に訪れたときにそれに飛びつくと、すぐに有頂天になれるかもしれない。だが、それが意味ある仕事人生を築く近道かというと、そうではないだろう。一足飛びに到達できるような目標など、あまり意味がないし、野心ある目標ともいえない。ハーバード・ビジネススクールで経営学を教えるクレイトン・クリステンセン教授はかつて、巣立っていく学生たちへのはなむけにこんな言葉を贈った。「産業界で起きたとんでもない出来事の根本原因を調べると、判で押したように、濡れ手で粟のような機会を追い求める風潮に行き当たります」。ただし、これとは反対にあまり先のことまで考えすぎるのもよくない。繰り返しになるが、あなたも、世の中も、競争相手も変わるだろうから。このような理由から、ＡＢＺプランニングではプランＣ、Ｄ、Ｅを想定していないのだ。

いちばん望ましいのは、２手先までを考えてプランをつくっておくことである。アナリストから1段上への昇進を望めば、それをきっかけに主立った共同経営者《パートナー》との関係が築けるかもしれない。あるいは、昇進を求めて上司に直談判する前に、まずは高度な財務管理を学ぶために夜間コースを受講するかもしれない。時として、目標への第一歩は何気ないことである。わたしは折に触れて、「シリコンバレーのスタートアップに入社するお薦めの方法は？」という質問を受ける。方法はいろいろあるにせよ、何はともあれシリコンバレーに移り住んだらどうだろう！

最初の一歩、あるいは次の一歩さえもわからないというなら、幅広い選択肢につながりそうな第一歩を踏み出すべきだ。できるだけ多くの選択肢を手に入れたいなら、経営コンサルティング業界に入るのが定石である。というのも、コンサルタントの技能や経験は、次にどう進むかわからない場合でも必ず役に立ち、応用が利きやすいのである。優れたプランAは、融通性が高く、さまざまなプランBへの方向転換を可能にする。同じように、優れた第一歩は、それ以降の選択肢を増やしてくれる。

勤務先に左右されないアイデンティティを保つ

2008年11月、風刺ニュース紙『ジ・オニオン』に興味深い記事が載った。オバマ大統領の選挙運動に携わった人々が、当選という目的を果たしたあと抜け殻のようになってしまい、公園のベンチで寝転んだり、街中をあてもなくさまよったりしたため、医療専門家が救助に派遣されたというのである。もちろんジョークだが、この記事は大切なテーマに光を当てている。何かに情熱を傾けるのは素晴らしいことだが、それが自分のすべてになってしまうと、プランBに移ろうとする際にアイデンティティの危機に陥りやすい。特定の業界、企業、地域に縛られないアイデンティティを培おう。たとえば、リンクトインのプロフィールの見出しに、「X社のマーケティング担当副社長」などと具体的な肩書を用いるのではなく、「起業家。製品ストラテジスト。投資家」といった〝自分ブランド〟や資産に焦点を合わせよう。個人ブログを始めて、勤務先とは関係しない評判や業績を築くとよい。こうすると、転職しても持ちつづけることのできる職業上のアイデンティティが生まれるだろう。一国一城の主として、自分の人生というスタートアップに取り組むのだ。

以下では、これらの戦略をABZプランニングの各段階にどう応用すればよいかを見ていきたい。

プランA：銃を構えたあとは「狙え、撃て」を繰り返すようなもの

オンライン決済のリーディング企業ペイパルは、アメリカの電子商取引《eコマース》決済の20％超を取り

扱っている。ペイパルの革新的な技術の恩恵により、世界中の人々が全体として数千億ドルもの金額を、ネット上で瞬時にしかも安全にやりとりしている。この会社は2002年にIPO（新規株式公開）を果たし（ちなみにこの年はほかに1社しかIPOをしていない）、不景気にあえぐテクノロジー業界の希望の光となった。やがて15億ドルでイーベイに買収され、シリコンバレーの偉大なる成功ストーリーの主役となった。ところが、ペイパルが当初掲げていたプランAは、いまの姿からは想像もつかないようなものだった。

1998年にプログラマーのマックス・レヴチンが金融派生商品《デリバティブ》トレーダーのピーター・シールと組み、「デジタル財布《ウォレット》」の開発に乗り出した。これは携帯電話に現金や情報を安全に保存しておくための暗号化ソフトウェアである。このソフトウェアはすぐに進化してパームパイロットの製品化第1号に搭載され、デジタル・キャッシュを無線通信で安全に送受信する役割を果たすようになった。つまり、友人とふたりで食事をした際に、PDA（携帯情報端末）を使ってワリカンができるのだ。レヴチンとシールの持つ技術と金融の経験を活かした、気の利いた着想だった（創業者ふたりは相補う資産を持っていたから、それが競争上の強みとなった）。彼らは「自信（confidence）」と「無限（infinity）」を組み合わせて、社名を「コンフィニティ」とした。しかし、パームパイロットの売れ行きはいまひとつだった。

そこでふたりは蒔《ま》き直しを図った。パームや携帯電話アプリケーションを必要としない、オンライン決済サービスを開発したのだ。相手がメールアドレスを持ってさえいれば、誰にでもネット上で安全に送金できるしくみである。送金を受けた側では、それを無線通信で銀行口座に転送できる。このサービス「ペイパル」の利便性をいっそう高めるために、クレジットカード対応もなされた。事業用の口座がなくても、汎用的でわかりやすいインタフェースを使って、ネット上でクレジットカード決済ができるようになった。

コンフィニティは、パームパイロット向けの個人間の送金サービスと、ネット送金サービス、両方をいち早く実現したが、パームパイロット向けは期待したほどは普及しなかった。広く使ってもらえる用途を見つけるのに苦労した。ふつうの人は、無線通信で電子的にお金をやりとりするのに慣れていなかったのだ。

つまり、ペイパルのプランAは行き詰まっていた。これ以上は軌道修正できず、ちょっとした賭けさえもできなかった。苦い教訓だらけだった。とはいえ、右肩上がりの成長を続けるオークションサイト、イーベイのお陰で、万事休すにはならなかった（以後の展開については後から述べる）。

この少し前、わたしは自分の仕事人生でこれと似たような岐路に差しかかっていた。学究の道から逸れた後のわたしにとっては、コンピュータ業界に進むのがプランAだったが、ひとつ大きな心配があった。シリコンバレーのような世界でほかの人たちと鎬《しのぎ》を削るのにふさわしい技能が自分にあるか、わからなかったのだ。「何百万もの人々に使ってもらえるテクノロジーを生み出したい」という大志は抱いていた。インターネットの利用経験を持つ人たちのあいだでは、需要が拡大しているのは明らかだった。しかし、人気サービスを生み出すだけの技能があるだろうか。それだけの人脈をつくれるだろうか。答えを探るために、わたしは挑戦してみた。友人の友人のつてをたどって、クパチーノに本社を置くアップルに就職したのだ。

最初はユーザー・エクスペリエンス部門の所属だったが、働きはじめてしばらくすると、利用者の経験《ユーザー・エクスペリエンス》やデザインよりも製品と市場の相性のほうが大切だと気づいた。これこそ製品マネジメントの重点である。貴重で素晴らしいユーザー・インタフェースを開発するのは可能だし、アップルは間違いなくそれを実現していたが、顧客が必要性を感じず、欲しいとも思わなければ、買ってもらえないだろう。たいていの企業と同じくアップルでも、製品と市場の相性はユーザー・エクスペリエンス部門ではなく製品マネジメント部門の担当だった。そして、モノをつくって売る企業では例外なく、製品マネジメントはとても重要だから、この分野で経験を積めば将来のキャリア機会が広がる可能性が高い。

こうして、黎明期のペイパルがデジタル・ウォレットからオンライン決済サービスへと方向転換したのと同じように、わたしはアップルの社内で製品マネジメント部門への異動を試みた（いわばプランA1を実行しようとしたのである）。ところが、この部門に移るには製品マネジメントの経験が必要とされた。これはよくあるジレンマである。「要経験」の仕事に応募するには、そもそもどうやって経験を積めばよいのだろう？　わたしが思いついた打開策は、本来業務のかたわら無給でその職務を買って出るというものだ。アップルのｅＷｏｒｌｄ《イーワールド》グループ製品マネジメント部門の責任者、ジェームズ・アイザックスをつかまえて、「いくつか製品アイデアがあるのですが」と話しかけた。本来業務を疎《おろそ》かにせずに、製品アイデアを資料にまとめて提出すると申し出て、そのとおりにした。その資料に製品マネジャーが目をとおして、意見と励ましをくれた。わたしは職務を変えずに後戻りの利く小さな賭けをして、成果をあげたのである。

　この経験からは、「自分には、テクノロジー業界でやっていけるだけの技能と直感やひらめきがある」という手ごたえが得られた（資産）。当初の担当業務よりも、製品マネジメントのほうがテクノロジー企業の主流に近いこともわかった（市場環境）。そして、製品マネジメント分野の経験こそ、ビジネスの世界の頂点へとわたしを導き、ひいては「世界を変える」というビジョンを実現する助けになるものだ、とも気づいた（大志）。これら貴重な教訓はどれも、業界に足を踏み入れなければ決して得られなかったはずである。

　アップルに勤務してほぼ2年が過ぎたころ、富士通に転職して、在シリコンバレーの製品マネジャーとなった（プランＡ２を実行した）。テクノロジー業界で自分を試していたのだから、依然としてプランAの延長線上にいた。だが、この期間もずっと、次にやりたいこと（プランB）に備えて資産を増強し、大志をよりたしかなものにしていった。

プランB：学びながら方向転換する

プランAに絶えず手を入れたり、修正したりしても、「もっと大きな変更が必要だ」と感じる場合があるだろう。そうなるとプランBへの方向転換《ピボット》の時機である。方向転換とは、適当に行き先を変えるのとはわけが違う。これまでに学んだことをもとにして、方向や、目的地への道のりを改めるのだ（原注5）。方向転換によって別の進路へ移ったら、今度はそれがプランAとなる。

ペイパルがプランBへと方向転換したのは、イーベイの影響による。当時イーベイは、個人と個人が取引するマーケットプレイスのなかでいちばん流行っていた。ところがオークションには代金の授受が欠かせなかった。落札者が別の都市に住む出品者に小切手か現金を送らなくてはならなかったのだ。これでは不便で時間がかかるうえ、信頼性も高いとはいえなかった。イーベイが拡大するにつれて、出品者のあいだで代金回収法への苛立ちが募っていった。もっと効率よく代金を受け取りたかったのである。

イーベイの落札代金の決済にペイパルを使おうとする人が増えているのがわかったとき、関係者は最初、「いったいなぜだろう」と首をひねった（もともとはモバイル機器を使った決済を想定していたのだ）。この驚きはすぐに、「彼らが主な顧客層なのだ！」に変わった。そして、プランBに方向転換して「イーベイの利用者に、落札代金の手軽な決済手段を提供する」という目的を掲げるべきだ、という気づきが生まれた。こうして1999年、ペイパルはパームパイロット対応のアプリケーション（当初のプランA）から撤退して、イーベイ向けサービスに特化した。プランBは、オンライン・チャットのアプリケーションのような、畑違いのものではなかった。あくまでも創業時からの暗号化技術をよりどころとしながら、手堅そうな市場ニーズを掘り起こそうとしたのである。

偶然にも、わたしのキャリアプランBとペイパルのプランBとは接点があった。ペイパルが普及を始める数年前、わたしはアップルと富士通での勤務を経て、隣接した起業の世界に足を踏み入れて会社を興そうと決心していた。1997年に、デートサイトのソーシャルネット・コムを共同創業したのだ。当時、わたしのプランAはこのソーシャルネットだった。本業のかたわらわたしは、ペイパルを軌道に乗せるために創業者レヴチンとシールを手助けしていた。電話がかかってくればたとえ真夜中でもその日のうちに必ず折り返すと約束し、創業当初の取締役会にも名前を連ねた。胸の内にはふたつのプランBがあった。ひとつは、ペイパルとのつながりを深めて常勤になる案。もうひとつは、テクノロジー業界でゼネラリスト的な職につく案である。ソーシャルネットを興した経験があるから、どちらも自然な方向転換だと思えた。ソーシャルネットは２０００年1月にサービスを停止するのだが（この経験はとても多くの教訓をもたらしてくれた）、そのおよそ1年前にわたしは、常勤としてペイパルに参画する気持ちを固め、上級副社長に就任した。

ペイパルのプランBとわたしのキャリアプランBはどちらも吉と出た。ペイパルにとって、イーベイ利用者向けのオンライン決済はドル箱となった（ほかの顧客層にも広まっていった！）。だからといって、以後は順風満帆かというとそうではなく、むしろ逆だった。ペイパルはビジネスモデルを改め、幹部クラスの人材を新たに招き、他社と合併し、不正行為のせいで巨額の損失を抱えた。売上がゼロであるにもかかわらず１２００万ドルもの支出をした月があり、おそらくこの時期がどん底だったと思う（あまりに悲惨な状況だったから、当時わたしはシールに、仮に現金をつかんでビルの屋上から撒く作業を1日つづけても、会社の現金がなくなっていくスピードには到底追いつかないだろうと言った）。経営チームはこのような窮地に柔軟に対処して、そこから教訓を得る一方、さまざまな通貨でのオンライン決済サービスを実現するというビジョンを粘り強く追求していた。

わたしは自分の仕事人生でも似たような窮地に陥ったが、難題はどれもありがたい教訓をもたらしてくれた。スタートアップのスピードにどう順応するか、あるいは適材をどう惹きつけ採用するか。このほかにもとても多くを学んだ。ペイパルでの経験から得た学びは、次の方向転換への備えとなり、わたしはふたたび自分の会社を興そうとした。それがリンクトインである。

方向転換のタイミング：吉を狙うか、凶を避けるか

プランA（現状）からプランBへと方向転換すべきタイミングは、どう見極めればよいのだろう？ 事業部、職種、あるいは業界を移る潮時はいつなのだろう？ 方向転換すべきか、現状にとどまるべきかは、確信を持って判断できる例はまずない。テクノロジー業界から得られる一般的な教訓は、大きなチャンスには乗り遅れずに真っ先に飛びついたほうがよい、というものである。もっとも、方向転換すべき具体的なタイミングとなると、勘と科学の両方に頼らなければ見極めがつかない。直感的な判断と、集められる最上の意見やデータを組み合わせなくてはならないのだ。これについては、第7章で詳しく説明する。そして言うまでもなく、途中ではツキが回ってくることもあれば、運に見放されることもあると、心に留めておくとよい。それによって予期しないチャンスが訪れたり逃げていったりする。

ふつうは、プランBへ移るのは物事がうまくいっていないときだとされる。たしかにそうい

う例はよくあるが、必ずしもそればかりではない。いまの仕事で行き詰っていなくても、方向転換が理にかなう場合もある。サンドバーグは財務省からグーグルへ転じたが、決して前職でパッとしなかったわけではない。もし隣の芝生のほうがほんとうに青いと思ったら、そちらに移ればよい！

●
●
●

もちろん、仕事を取り巻く最近の環境は波乱に満ちているから、自分の意思によらない方向転換もままある。プランBを選ばざるをえない場合もあるのだ。解雇される、新しいテクノロジーの登場によって定型的な仕事がオートメーション化または海外委託の対象になる、自分のいる業界全体が大混乱に陥る、といった可能性もある。出産など人生の大きな転機によって生活の優先事項が変われば、ワークライフ・バランスのよい働き方への方向転換が必要になるかもしれない。

インテルの創業メンバーであるアンディ・グローブは、このような出来事を「変曲点」と呼んでいる。事業が激変にみまわれたときが戦略の変曲点だと述べたのだ。たとえば、小さな町の雑貨店にとっては、近隣へのウォルマートの出店は激変にあたる。中規模の金融企業が大企業によって買収されるのも同様である。ブロックバスター、コダック、ニューヨーク・タイムズなどかつての巨大企業も軒並み、デジタル革命に起因する激変を受け、変曲点に差しかかっている。

　外からの力は企業を脅かすばかりか、わたしたちの仕事人生にも深い影響をおよぼすおそれがある。デトロイトの自動車メーカーに勤務する人々にとって、大工場の閉鎖は激変に相当する。公立学校の先生にとって、学校の予算カットは大事《おおごと》だろう。グローブは「仕事人生の変曲点は、事業環境のさりげないが深い変化によって訪れる。あなたの今後は、変化にどう対処するかによって決まるだろう」と述べている（原注6）。会社や業界が変曲点に差しかかった場合はふつう、働き手は新たな技能を活かすか、別の環境に移るよう迫られる。言い方を変えれば、往々にして方向転換が必要になるのだ。

　いつ変曲点が訪れて自分の仕事人生が大きく揺さぶられるかは、決して的確には見通せない。確実に言えるのは、その時期は予想よりも早く寝耳に水でやってくるということだけである。だから、変曲点の時期を予測するなどという不可能への挑戦はあきらめて、未知への備えをしよう。ソフト資産をたくわえ、新しいテクノロジーを積極的に受け入れることによって、変曲点にぶつかったときにはすかさずプランBに方向転換して、そこで技能を活かせるようにしておくのだ。

予想される激変に見合うようにプランを改めたお手本として、ジェームズ・ゲインズという人物がいる。紙の雑誌が隆盛を誇ったころ、ゲインズはそこに君臨していた。彼は『ピープル』、次いで『ライフ』、そしてついには、紙媒体の世界で比類ない影響力を誇っていた『タイム』の編集長を務めた。『タイム』時代は各国首脳にインタビューし、配下に６００人を超える記者を抱えていた。１９９６年には編集現場を離れて〝タイム帝国〟の編集局長に就任、傘下の26誌を統括する立場となった。それから1年が過ぎると、「自分の情熱は、マネジメントよりも書くことに向かっている」と悟り、著述家として独立した。本は場所を問わずどこでも書けるから、ゲインズは家族とともにパリに移り住んだ。子どもたちに豊かな経験をさせるとともに、著述へのひらめきを得やすい環境に身を置こうと考えたのである。

　パリで暮らしていた２００２年、彼は息子を連れて映画『ハリーポッター』シリーズの第1作を観に行き、これが仕事人生の転機となった。映画のワンシーンで主人公ハリーが本を開く。すると3次元の人間の顔が飛び出してきて、本のページ上をちょこちょこ動き回る。ゲインズは自分に啓示をもたらしたこのシーンをいまも覚えている。「対話型《インタラクティブ》書籍だ！」。折しも彼はヨハン・セバスチャン・バッハについての本を書いており、そこに出てくるバッハの音楽を読者の耳に届けられないことに歯がゆさを感じていた。テクノロジーを活かせば、よりよい本への可能性を開けるのではないか。ハリーポッターの魔法にあやかって、読者に素晴らしい体験をもたらせるのではないか――。
61歳の誕生日を間近に控えた２００８年夏、ゲインズはアメリカに帰還した。すでに自分の名前で2冊の本を上梓していた。それまで一貫して紙のジャーナリズムと出版に携わっていたから、望めばいくらでも高いポストに就けただろう。しかし彼は、時代が変わり、新しい時代には旧来メディアの居場所はないかもしれないと見ていた。そこでプランＢに方向転換をした。パニックに陥るどころか胸を弾ませていた。時代の変化を嘆くのではなく、デジタル・キャンバスが拓く独特なストーリーテリングの可能性を歓迎したのだ。新しいことを学ぶあいだも、この前向きな発想が支えになった。

ゲインズは新興のオンライン雑誌『ＦＬＹＰ《フライプ》』の編集長になった。政治、金融、社会をテーマとする、動画と音声を駆使した媒体である。マルチメディアのオンライン雑誌の仕事をするうえでは、多くを学ぶ必要があった。正式な研修や講座などない。若い部下たちをＯＪＴ（実地訓練）の指南役にして、画像や音声の編集、ＭｙＳＱＬデータベースの理解、インターネット・プロトコルの長所と短所の把握などに助けを得た。ゲインズの体験談を聞くと、これら新しい技能はわけもなく身についたのだろうと思うかもしれない。だが、彼の自尊心について考えてほしい。何十年もの経験と数々の実績があるにもかかわらず、ある意味、無力な若手に戻ったつもりで仕事と向き合ったのである。「永遠のベータ版」として「初日」に臨んだのだ。

ゲインズは仕事人生が変曲点に差しかかるのを待たずに、自分から進んで順応した。過去にしがみつくのではなく、持てる技能を新しいメディアの世界で活かした。このあいだも一貫して、人材市場で競争するうえでの自分の強み、つまり、どんな媒体上でも人々の心を動かすストーリーを届ける力を忘れなかった。

どこへ方向転換するか：望ましいのは、従来の分野に近い隙間《ニッチ》分野

フリッカーのプランAは、多人数参加型のオンラインゲームだった。わたしの仕事人生のプランAは学者の道に進むことだった。サンドバーグはまずはインドで恵まれない人々を助け、ジェームズ・ゲインズは雑誌の編集者になった。みんなすでに、プランAとは一見したところ関係のなさそうな別のプランに移っている。しかし、詳しく見ていくと、どの方向転換も筋が通っているとわかってくるはずだ。わたしはいまでも、自分が興した会社リンクトイン、そしてベン・カスノーカとのこの共著をとおして、人脈づくりや社交《ソーシャルライフ》についての考えを広めている。サンドバーグも以前と変わらず恵まれない人々の力になっている。シリアやエジプトの恵まれない人々は、フェイスブックを活用して圧政への反対集会を呼びかけ、実行しているのだ。最高のプランBは、いまやっていることと強く関係している。あなたが自分のプランBを検討する際には、片足をいまの位置に残したままもう一方の足を新しい領域に踏み入れるよう

な選択肢を選ぶとよい。近くにある隙間《ニッチ》分野を目指すのである。

方向転換のコツ：副業として始める

待ったなしで行動しなくてはならない場合を除くと、手始めにいま温めているプランBを副業にするのも一案だろう。アフターファイブや週末を使って技能の修得に乗り出そう。周辺業界で働く知り合いを増やそう。パートタイムのインターンに応募しよう。副業でコンサルティングを始めよう。わたしもこれを実践し、ソーシャルネットの仕事をしながらペイパルに助言するようになった。これは本格的なプランBになる可能性のある副業であり、やがてわたしは本格的な方向転換に踏み切った。

３M、W・L・ゴア、グーグル、リンクトインなどは、就業時間の一定割合を本来業務とは違うプロジェクトに割くよう従業員に奨励している。これと同じ方針を個人的に取り入れてはどうだろう？　週に1日、月に1日、あるいは数カ月に1日でもよい。プランBの土台になりそうなことをしてみよう。探求したいビジネスアイデア、身につけたい技能、築きたい人脈ほか、好奇心や志があったら、本業のかたわら取り組んでみて、様子を探るとよい。少なくとも、誰かと話し合いをはじめよう。1日を使って、隣の業界で働く人たちとコーヒーを飲みながら話す機会を5つ持つのだ。

もっとささやかな試みをしたいなら、休暇を使って就業体験をしてはどうだろう。ボケーションというバケーションという会社では、交響楽の作曲家、不動産の仲介業、紀行作家など、夢の職業を体験する機会を提供している。たとえばネイルやエステのサロンを開業したいなら、テキサス州のサロン経営者を紹介してくれる。サロンに2日間滞在しながら、仕事をつぶさに観察し、成功の秘訣について詳しく意見を交わすのだ。こうすると、清水の舞台から飛び下りたり、的外れなことをしたりせずに、意中にあるプランBの可能性を探れるのだから、素晴らしいではないか。

プランZ：救命ボートに飛び乗って態勢を立て直す

試行錯誤、走りながら学ぶ実地訓練、順応など、この章で取り上げたテーマはあまり受けがよくない。理由は、文字通り手探りだからだ。「走りながら学ぼう」と口で言うのはたやすいが、何を学びたいのか、何をすべきかがわからなかったら、どうしようもない。第6章で述べるように、先行きは決して完全には見通せない。失敗への不安は決して消えない。起業家のような戦略を安心して実行するには、見通しの利きやすいプランをひとつ持っているとよい。それがプランZである。プランAにもプランBにも自信がなくなった、プランが台無しになった、といった場合に当てにできる選択肢、それがプランZである。イザというときのために、プランZという頼りになる安全網があると、プランAやプランBを思い切って実行に移すことができる。二の足を踏まなくてもよいのだ。プランZがあれば、少なくとも、失敗しても何とか持ちこたえられる。これがないと、最悪のシナリオを思って背筋が凍りかねない。

わたしが最初に起業したとき、万一うまくいかなかった場合に備えて、父が実家の1室を空けようと言ってくれた。こうして、「実家に転がり込んで職探しをする」というプランZが出来上がった。たとえ無一文になっても雨露はしのげるとわかっていたから、事業に全力投球できた。仕事のプランが狂っても、ホームレスや破産者になるわけにも、ずっと無職でいるわけにもいかない。こうしたあってはならない事態を避けるために、プランZを用意しておくのである。

20代で独身なら、実家に身を寄せてスターバックスでアルバイトをするというのも、十分にプランZになりえるだろう。30代、40代で子どもがいるなら、老後への蓄えを取り崩すのも一案である。何にせよ、プランZはいつまでもすがりつくものではなく、あくまでも一時しのぎと心得ておこう。プランZを実行すれば、いったん退却して態勢を立て直し、ゼロからプランAをつくることができる。これは終点ではなく退避場所。そこにいるあいだに真新しい航海計画、真新しいプランAを練り、始動させるのだ。

自分に投資をしよう

明日すること――

●自分の仕事人生についていま抱えている主な不確定要素、心配、疑問を書き出してみよう。不確定要素をめぐる自分の仮説を数え上げてみよう。プランAにとどまるべきか、それともプランBに方向転換すべきかを判断するには、何がわかればよいだろうか？

●いまのプランAとプランZの中身を紙に書き出し、現状ではどんなプランBがありえるか、メモしてみよう。

来週すること――

●自分と同じ職種からほかへ方向転換した人と会う約束をとりつけよう。なぜ、どうやって移ったのだろう？　移って正解だったか？　何を機が熟している証拠ととらえたのか？

●つぶしの利く技能、つまり、ほかの職種でも幅広く活かせる技能や経験を身につけるために、計画を立てよう。文章力、マネジャー経験、技術・コンピュータの技能、対人スキル、国際経験、語学力などが、さまざまなプランBに活かせそうな技能の例である。つぶしの利きやすい技能のうちどれを養うかを決めたら、確実に守れそうな行動プランを具体的に立てよう。講座やカンファレンスに参加申し込みをするのもよいし、「毎週1時間は独学する」と誓うだけでもよいだろう。

来月すること――

●アフターファイブや週末にできる副業的なプロジェクトを試しに始めよう。いまと違うが関係の深い技能や経験が身につくように、プロジェクトの中身を決めよう。いまの仕事に役立つか、あるいは、プランAが行き詰った場合にプランBになりそうな中身がよい。知り合いと協力してプロジェクトを推進できれば、理想的である。

●勤務先、地域、業界などと切り離されたアイデンティティを築こう。個人のドメイン名を手に入れよう。勤務先や肩書の入った名刺のほかに、名前とプライベート用のメールアドレスだけを印刷した名刺をつくろう。

人脈を活かそう

いまの業界と関係の深い隙間業界《ニッチ》で働く5人に連絡をとって、コーヒーに誘おう。自分のプランと彼らのプランの違いを話し合ってみるとよい。豊富な情報が手に入るように、このような付き合いを絶やさずにいよう。そうすれば、必要に応じてニッチ分野に移れるだろう。

第4章

持つべきは人脈

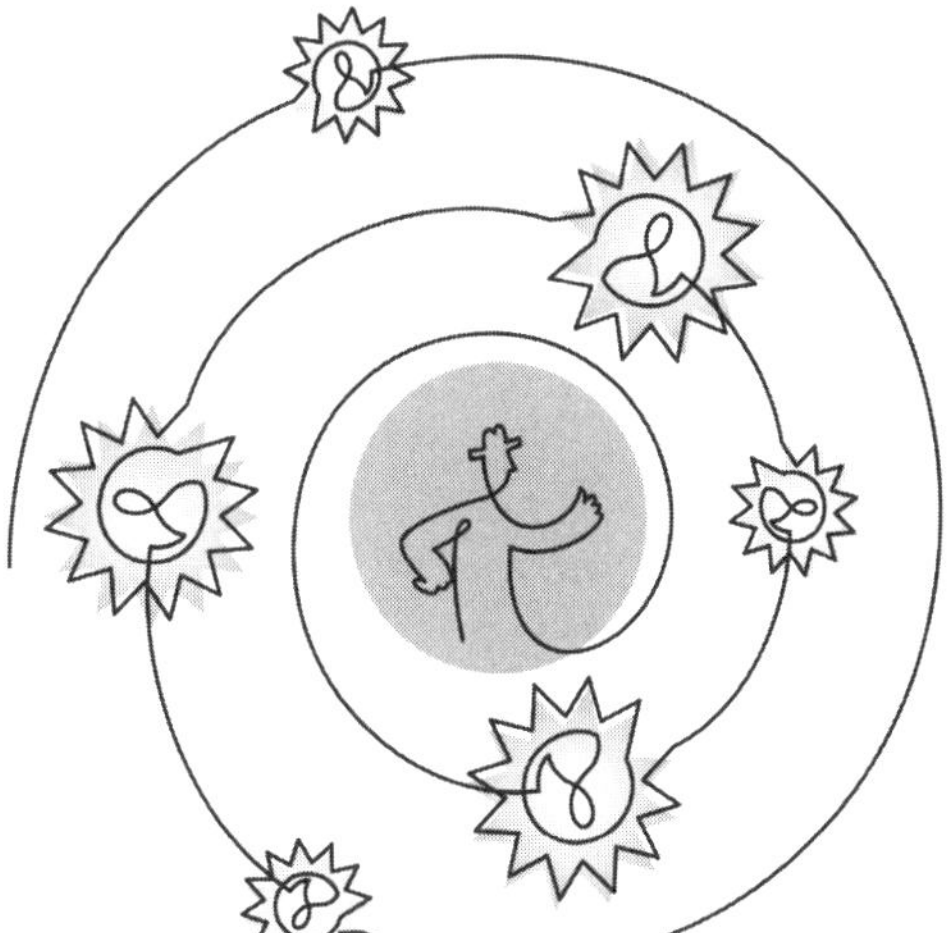

たとえ「永遠のベータ版」を自任していても、あるいは競争上の強みを伸ばしたり、状況に合わせてキャリアプランを変更したりしても、ひとりで実践したのではどれも十分とはいえない。世界で一流の人材は、人生の水先案内人になりそうな人々とのつながりを築いている。頭脳や戦略がどれほど冴えていても、ひとりきりではいつまでもチームに勝てない。スポーツ選手は監督やトレーナーを、神童は親や先生を、映画監督はプロデューサーや俳優を、政治家は献金者や参謀を、科学者は実験助手や相談相手をそれぞれ必要とする。マジシャンのペンは相方のテラーを必要とした。有名なアイスクリーム・ブランドをつくったベンはジェリーを必要とした。そしてスティーブ・ジョブズはスティーブ・ウォズニアックを必要とした。実際、スタートアップではチームワークがひときわ目を引く。たったひとりでスタートアップを立ち上げる例はごく稀である。起業家仲間のあいだでは、「有能なチームを築くことが何よりも重要だ」と意見が一致している。

ベンチャー・キャピタリストが投資の対象とするのは、人材とアイデアの両方である。並みのアイデアを持った逸材と、素晴らしいアイデアを持った凡人がいたら、えてして前者のほうを支援する。「頭が切れて順応性の高い人物であれば、うまくいく方法を見つけ出すだろう」という考え方である（これはすでに紹介したフリッカーやペイパルの事例からもわかると思う）。創業者は資質に恵まれていなくてはならないが、ほかの逸材を仲間に引き入れる努力もすべきである。共同創業者や創業メンバーの布陣には、ＣＥＯ（最高経営責任者）自身の器量が反映される。だからこそ投資家は、ＣＥＯ個人だけでなく、経営チーム全体を品定めの対象とするのだ。サン・マイクロシステムズの共同創業者でシリコンバレーを拠点とする投資家でもあるヴィノッド・コースラは、「どんなチームを築くかでその会社の良し悪しは決まる」と語っている。マーク・ザッカーバーグは、職務時間の半分を人材採用に充てているという。

起業家が休みなく逸材探しと経営チームづくりに努めているのと同じく、あなたも、人生というスタートアップを助け合える人脈づくりに力を入れるとよいだろう。仕事人生に弾みをつけるには、ほかの人たちの助けや支えが必要なのだ。当然、企業の設立者とは違って、部下をたくさん雇うわけでも、取締役会への報告義務を負うわけでもない。そうではなく、ともに成長していける多彩な仲間や助言者を集めるべきなのである。

どの組織に属しているか、どれくらいの地位にいるかにかかわらず、人脈は大きな意味を持つ。なぜなら、どの仕事もみな突き詰めれば人と人との関係に行き着くからだ。事実、「カンパニー」の語源は「パンを分かち合う」という意味のラテン語である（原注1）。あなたが単独でプログラミングの仕事をしていても、世の中の人に使ってもらえる製品をつくりたいなら、仕事をするなかで他人との協力は欠かせないだろう。いくつか例を挙げるなら、アマゾン、ボーイング、UNICEF（国連児童基金）、自然派食品チェーンのホールフーズはそれぞれまったく異質だが、それでも結局のところ、どれも人の集まりであることに変わりはない。テクノロジーを開発するのも、「わが社の使命」を書くのも、会社のロゴや理念を支えるのも、人・である。

大切な経営資源、チャンス、情報などをもたらすのも人である。一例として、わたしとペイパルとの橋渡し役になってくれたのは、学生時代からの友人ピーター・シールである。長年の友人関係がなかったら、彼が電話でわたしに人生の転機につながるチャンスを届けてくれることは、決してなかっただろう。フェイスブックが創業資金を調達する際にわたしはシールに、マーク・ザッカーバーグと、ナップスターの設立者でフェイスブックにも早くから関わっていたショーン・パーカーを紹介したのだが、これもまた友人だからである。仲間内では、互いにヒト・モノ・カネを融通し、助け合うのである。

人脈は出世への入り口としての役割も果たす。スタンフォード大学の名誉教授で組織行動論を専門とするジェフリー・フェファーは、昇進するためには、上司との良好で近しい関係のほうが仕事の能力よりも重要だ、というデータや実例を集めた。これは無責任な情実や社内政治ではない（残念ながら例外もあるが）。それ相応の理由があるのだ。たとえ能力でわずかに劣ったとしても、まわりと良好な関係を築いてチームに貢献する人のほうが、能力面では完璧でもチームワークを守れない人よりも、会社にとって有用なのである。

なお、人柄や将来性は誰と付き合うかで決まるから、その意味でも人間関係は大きな意味を持つ。考え方や行動は伝染する。わたしたちはともすれば、友人の感情に影響され、相手の振る舞いを真似、その価値観に染まっていく（原注2）。友人たちが仕事を確実にやりとげるタイプなら、あなたもきっとそうなるだろう。**「こうなりたい」と思う相手と付き合うのが、自分を変える何よりの王道である。**

人脈力の素晴らしさ

偉業は決してひとりの手では達成できないにもかかわらず、世の中には英雄をしきりに称える風潮がある。ゼネラル・エレクトリック（GE）が巨大企業になったいきさつを大勢に尋ねると、おそらく相手は口々にジャック・ウェルチの名前を挙げるだろう。だが、ウェルチが築いたチームは話題にのぼらない。そして、「ジャック・ウェルチらが出世したのは、ハードワーク、知性、創造性などによる」という意見が聞こえてくるだろう。

誰かの成功ストーリーではたいてい、その人自身の資質がいろいろと紹介される。よりよい人生への約束をうたう本は、「セルフヘルプ」という書棚に並んでいる。成功の秘訣を説くセミナーは、「自己啓発」という分野に属する。ビジネススクールで人脈を築くスキルを扱うことはまずない。中心はもっぱら「自分」なのである。わたしたちに強い影響をおよぼす友人、仲間、同僚がほとんど話題に上らないのは、いったいなぜだろう?

理由は、独力で成功したという筋書きのほうがさまになるからだ。そしてそこで語られるのは、雑然とした世の中にどう対処するかである。魅力的なストーリーは起承転結、ドラマ、明快な原因と結果、英雄と悪者で成り立っている。主役だけにスポットライトを当てたほうがストーリーを紡ぎやすい。『スーパーマンと10人の仲間たち』よりも、『スーパーマン』のほうが言いやすい。このようなストーリーは何世紀も前から語り継がれてきた。ベンジャミン・フランクリンは「自伝を、独力による輝かしい立志伝へと仕立て上げた」のだ(原注3)。アメリカでは、独力による成功はことのほか熱く支持される。この国はかねてから、拳銃を撃つジョン・ウェインのイメージと彼の徹底した個人主義を称えてきた。

しかし、きれいごとで固めた物語は誤解を招きやすい。実のところ、フランクリンの生涯と成功にとっては、人脈や人間関係がとても大きな役割を果たした。それどころか、著名人の生涯を調べてみると、大勢の助けに支えられていたことがわかるはずだ。人生においては自分ひとりが英雄だと思いたいところだが、現実には、わたしたちは地域、会社、さまざまな団体、家族、社会全体の一員であり、そこに属する人々から影響を受け、助けられ、ことによっては傷つけられる場合さえある。一人ひとりを切り離すわけにはいかない。成功ストーリーはすべて、主人公と周囲の人々との関係で語られるべきである。

「独力での成功者」は神話だろうが、「チーム内では個を主張してはいけない」という言いならわしも間違っている。チームは個の集まりである。強みや能力の異なる個人で成り立っている。マイケル・ジョーダンもチームを必要としたが、シカゴ・ブルズが快進撃するうえでジョーダンがチームメートよりも大きな働きをしたことは、誰も否定しないだろう。一流チームにひとりでもまわりに悪影響を与える人が混じっていたら、全体が腐ってしまいかねない。研究によれば、ビジネスの世界では、最も出来の悪いメンバーの水準にチーム全体が引っ張られるという(原注4)。あなたひとりの資質と懸命な働きは、それだけではチームの成功に十分ではないかもしれないが、絶対に欠かせないものである。

少し趣向を変えて、個人とチームの両方に光を当てた成功ストーリーもある。個人とチームのどちらか一方を選ぶのは間違っている。両方が大切なのである。あなたが仕事人生で成功をつかみ取れるかどうかは、あなた自身の実力と、それを十二分に引き出してくれる人脈の力、両方にかかっている。いわば仲間のお陰で自分の力が何乗にもなるのだ。チームや人脈の助けを借りると、個人のパワーは目覚ましく伸びる。だが、100分の0はゼロであるのと同じく、個の力がなければチームは決して成り立たない。
この本は「あなたのスタートアップ」をうたっていて、ここでの「あなた」は複数でもあるから「あなたたち」という意味を持つ。

状況が大切：仕事上の人間関係づくり

一口に「人間関係」といっても意味するものはさまざまである。遠くの相手と近くの相手。プロジェクトかぎりのつながりと長期にわたるつながり。親密な関係と仕事上だけの関係。上司、同僚、協力者、部下。友人、隣人、家族、長く音信不通の知り合い。根っこにあるものも、愛情、友情、敬意、必要などまちまちだろう。一緒に働く相手であっても、細かい契約によって役割や責任が決まっている場合もあれば、文書での決めごとや約束がいっさいない場合もある。「関係」という言葉がとても広い意味を持つのもうなずける。人間どうしの結びつきの本質は、個々の状況にはとらわれない普遍的なものなのだ。

とはいえ、人間関係のあり方には状況に応じて見過ごせない違いも生じる。もっぱらプライベートな関係もある。仕事とは無関係の親友や家族などである。彼らには、土曜の夜に電話をかけることはあっても、多忙な月曜の朝に職場に電話をかけはしないだろう。幼なじみや高校、大学の同級生は、あなたにとって大切な存在かもしれないが、仕事のうえではまったく違った道を歩んでいるかもしれない。精神性が同じであるとか、価値観が一致することが大切な場合もあるだろう。ネット上では、フェイスブックで友人や家族とのつながりが得られる。昨夜のパーティーの写真を共有したり、ソーシャルゲームのシティビルやテキサスホールデムで遊んだりする。フェイスブックのプロフィール欄には一風変わった写真を載せてもよい。あなたがシングルか、それとも配偶者や恋人有りかに、みんなの注目が集まる。

仕事上だけの人間関係もある。同僚、同業者、顧客、提携相手、顧問や助言者、会計士や弁護士といった専門家。これら相手にメールを送るときはおそらく、ヤフーやGメールではなく仕事用のアドレスを使うだろう。彼らとあなたを結びつけているのは、ビジネス上の共通目標や仕事上の関心である。ネット上では、これら信頼する同僚や仕事上の大切な知り合いとはリンクトインでつながり、相手が職探しをしているなら推薦者となり、仕事のプロジェクトを力を合わせて推進し、業界の事情などについてアドバイスを求める。ここは、互いの技能や職歴を詳しく紹介し合う場。プロフィール写真も、業界や職種にふさわしい、「プロらしさ」が伝わるものを選ぶはずだ。リンクトイン上では、あなたに彼氏や彼女がいるかどうかには誰も関心を示さない。たいていの人は、親友はそれほど多くないが、仕事上の貴重な知り合いや同僚とは広く付き合っている。

一般に、知り合いとの関係はプライベートと仕事、どちらかに大別できる。理由は簡単。礼儀作法や相手への期待内容が異なるのだ。会社の冷水機のまわりで同僚どうしが雑談しているときに、誰かが不倫を告白したらいかにも場違いだろう（イギリスの人気テレビドラマ『ジ・オフィス』のワンシーンを思い描いてほしい……）。楽しい週末を想像するとしたら、同僚の子どもと砂場で遊ぶ光景は浮かんでこないだろう。プライベートと仕事を区別するのには、「板ばさみを避ける」というもっと重要な理由もある。たとえば、あなたが友人と見なす同僚のせいで、仕事上の大きなプロジェクトが台無しになりそうだとしよう。もし見て見ぬふりをしたら、ほかのメンバーや会社全体の信頼を裏切り、プロジェクトの成果と自分の仕事上の評判、両方を傷つけるだろう。他方、思い切って指摘すれば、友人から恨まれるかもしれない。あるいは、こんな状況を考えてみよう。友人から立派な働き口に応募する際の推薦人になってほしいと頼まれたが、どうも応募資格を十分に満たしていないように思える。この場合も、友情にヒビが入りかねない。このように、親しい友人に転職の後押しや仕事の口利きなどを頼むのは考えものである。仕事への忠誠と友情という矛盾する気持ちに折り合いをつけるよう、相手に求めることになるのだから。

さて、一緒に働く人たちと友人になるのはよいことだ。そのほうが楽しい。同僚を結婚式に招いたり、週末に上司や部下とワインの試飲会をしたり、フェイスブックとリンクトインの両方でつながりを持ったりもするだろう。ただし、このような場合でもたいていは、友人関係はある程度までしか進展しないはずだ。しかも、礼儀作法や相手への期待内容は、その時々の状況に応じて決まる。土曜日の夜にバーで酒を酌み交わすときと、水曜日の午後にオフィスで一緒に仕事をしているときとでは、たとえ同じ相手でも、話す中身や取る行動は違ってくる。

この章では、仕事の場面であなた自身の強みを増すための人脈に焦点を合わせる。つまり、ここで取り上げるのは仕事上の人脈なのだが、仕事の場におけるプライベートな友情についても触れる。

ほんもののつながりを築く

「人脈づくりの話題はうんざり」という人も多いようだ。どことなく胡散《うさん》臭さを感じるのだろう。何ということだ。人脈づくりの達人を思い描いてみよう。髪をきちんと後ろになでつけ、脂ぎった様子で機関銃のようにしゃべり、アフターファイブには人脈づくりの場に足繁く通って片っ端から名刺を集めまくる。あるいは、過度の上昇志向が鼻につく元同級生は、卒業生にやたらめったらメールを送り、大学の評議委員とのカクテルパーティーに顔を出しては出席者にお世辞を使い、一度でも会った相手は残らずSNS上で友だちにしようとする。こうした人たちは、人脈づくりに酔いしれていて、そのうちに人付き合いと仕事の両方で悪酔いするだろう。だが心配にはおよばない。こんなふうにならなくても、人脈をつくって絆を深めていくことはできる。

昔ながらの「人脈づくり」は計算づくで成り立っている。相手から何が得られるかだけを考えて、人脈を広げようとするのだ。しかも、仕事や新規顧客など、何かを必要とするときにしか人脈仲間と関わらない。片やほんもののつながりを築こうとする人は、まずは相手の役に立とうとする。打算ではないのだ。「情けは人のためならず」と知ってはいるが、見返りを当てにしているわけではない。しかも、自分が何かを必要とするときだけでなく、日ごろから人とのつながりについて考えている。

昔ながらの人脈づくりに躍起になる人たちは、自分のアドレス帳に膨大な数の連絡先を登録しておくことが大切だと思っている。数を重視しているわけだから、おそらく、知らないうちにたいていは弱い関係性を築いているのだろう。他方、ほんもののつながりを求める人は、人数よりも中身の濃い人間関係を重んじる。

数を追い求めるタイプは、未知の人と出会うための戦術に注意を払う。どうすればカクテルパーティーで目立てるか、業界の大物にいきなり電話をかけて相手にしてもらうには……。ほんもののつながりを求める人はまず、知り合いがどういった人脈を持っているかを探り、そのつてをたどって自分の人脈を広げていく。

仕事の世界でほんもののつながりを築くのは、交際相手を見つけるのに似ている。誰と仕事上のつながりを築くかは、いろいろな要因をもとに決まる。相手に好感を持てるかどうか。相手は、こちらが仕事上の資産を築き、大志の実現に近づき、競争で優位に立つのを助けてくれるだろうか。自分のほうでも同じように、相手の役に立てるだろうか。相手は順応性が高く、こちらがキャリアプランを変える必要に迫られたときに手を差し伸べてくれるだろうか。そして、交際相手を選ぶときと同じように、いつでも長い目で先のことを考えておくべきだ。

相手の立場になって、まずは尽くそう

ほんもののつながりを築くには、少なくともふたつのことが必要になる。ひとつめは、相手の視点でものを考える姿勢。腕の立つ起業家はこれを誰よりも熟知している。彼らが成功するのは、お金を払ってもらえるモノやサービスを提供したときである。そのためには顧客の胸の内を推し量らなくてはならない。スタートアップへの投資を行うポール・グレアムの言葉を借りるなら、「(人々の望みを探り出すのは)人間にとって最大の難題である。自分のことだけを考えるのではなく、他者の視点でものを見なくてはならない」のである(原注5)。これと同じく、相手の立場を十分に理解してこそ、誠実さに裏打ちされたほんものの絆づくりをはじめられる。これは容易ではない。起業家の場合は、顧客理解を測るモノサシがある。商品やサービ

スが世に出たあと、売上の増減を追えばよいのである。ところが日々の人間関係では、すぐに相手の反応がわかるわけではない。さらにこれを難しくしている事情がある。わたしたちは世の中の様子を受け止めながら、どうしてもすべてが自分を中心に回っていると感じてしまいがちなのだ。作家の故デヴィッド・フォスター・ウォレスが書いているとおりである。「どんな経験も、決してあなたを中心には展開しない。あなたが経験する世界は、あなたの正面か背後、左か右、テレビ画面かモニター上にあるのだ」(原注6)

ほんもののつながりを築くには、ふたつめとして、自分が相手から何を得るかではなく、相手をどう助け、力を合わせられるかを考えることである。成功者と接する機会があると、すぐに「この人に何をしてもらえるだろう」と考えてしまうのが人間の性《さが》だろう。イギリスのトニー・ブレア前首相に会う機会に恵まれたなら、「何とか一緒に写真に収まれないものか」と考えるのは無理もない。大富豪とタクシーに乗り合わせたら、「自分の事業や社会活動への投資や寄付を頼んでみようか」という思いがよぎるのは自然である。ここでは、「自分の利益など決して考えない聖人君子であれ」などと述べているのではない。むしろ、安易な考えをやりすごして、まずは自分から相手に尽くす方法を考えるべきだ、と言いたいのだ(お返しに何を頼めそうかは、あとから考えることだろう)。交渉術の研究によると、デキる交渉者と並みの交渉者の大きな違いは、相手と自分の共通の関心事項を時間をかけて探り、相手に質問を投げかけ、共通の土台をつくる、ということを実践するかどうかだという。交渉上手はこれらに多くの時間を費やす。つまり、「自分さえよければ」という発想でゴリ押しするのではなく、相手にとってもほんとうの利益につながる方法を探るのである（原注7）。これにならおう。手始めとして、親身になって相手に接し、それをしぐさや言葉で表すとよい（この章の後半では、実際に相手の役に立つ方法を述べる）。

デール・カーネギーが著した人間関係についての古典的名著『人を動かす（原題：How to Win Friends and Influence People）』は、素晴らしい知恵の宝庫であるにもかかわらず、残念ながら原題がよくない。この原題のせいで多くの人がカーネギーを誤解している。友人は「勝ち取る」対象ではない。自分の持ち物ではない。友人関係は分かち合いにもとづくものだ。友人は仲間であり、互いに力を合わせる間柄である。社交ダンスを想像してほしい。ダンスの最中に、パートナーの足をこちらの思うままに動かすわけにはいかない。優しくパートナーを導くか相手に合わせるかして呼吸を揃えて踊るのが、あなたの役どころである。深く依存し合っているのだ。友人をモノのように考えて、勝ち取ろうとか、自分のものにしようとしたら、すべてが台無しになる。

たいていの人は自分では思いもよらないうちに、こんなふうに人間関係を「手に入れよう」としており、そのせいで相手とのあいだに溝をつくってしまう。時として、心から相手を思いやっているふうを装うあまり、かえって悪い印象を与える。「あの人は誠実に見せようとしているな」と感じると、心が寒くなるものだ。ちょうど、会話の最中に相手から何度となくファーストネームで呼ばれ、「ああ、この人はデール・カーネギーの本に書いてあることをそのまま実践しているのだな」と興ざめするようなものである。あるいは、「信頼されること」の大切さを強調していながら、えげつない野心を果たす手段として人脈をとらえているような本の読後感も、これに似ている。小説家のジョナサン・フランゼンはいみじくも、「いかがわしい人ほど、下心を見抜かれまいと必死になるものだ」と書いている。靴ひもを結ぶのと同じくらいさりげなく、相手とつながろう、仲間になろうとするのでなければ、つまり、仲間になって助け合いたいと望むのでなければ、うまく協調しようという気持ちは生まれず、やがて関係そのものがギクシャクするだろう。

一言でまとめるなら、友人や初対面の人に会うときは、「自分にどんな得があるのか？」という自然に沸き上がってくる問いを封印して、代わりに「相手と自分にどんな得があるのか？」と自問しよう。すべてはそこから始まる。

楽しくやろう

人脈づくりの話題が敬遠されるのは、損得づくの人間関係を連想するからか、そうでなければ、仕事上の人脈づくりはフロスで歯間をそうじするようなものだからだろう。いくら大切だと教えられても、楽しくないのである。人脈づくりを義務ととらえると、損得を考えて型どおりの手順を踏み、作業リストに「実施ずみ」の印を入れる。これでは上っ面の人間関係しかできない。するといっそう斜に構えるから、人間関係はさらに上辺だけのものになっていく。だが、こんな悪循環を避ける方法もある。

至福の思い出を呼び覚ましてほしい。あなたはひとりだったか？ それとも友人や家族と一緒だったか？ 波乱万丈の心躍る経験を思い浮かべてほしい。そのときはひとりだったか、それとも誰かと一緒だっただろうか？ 人脈づくりは楽しいものであるべきだ。そうわたしたちは考えている。わたしもベン・カスノーカも、人間どうしの奥深いつながりが好きだ。「ほかの人たちと一緒に働くんだ」と思うとワクワクしてくる。可能性と発想の両方が広がるからである（そう、だからこそ、この本もひとりではなくふたりで書き上げた）。外向的だとか宴会向きでなければいけない、などと言っているのではない。他人の不思議な人生経験を尊重し、受け入れることは可能だと考えているだけだ。人間関係を築くのは、互いの心の襞《ひだ》を察するという、繊細で感動に満ちた行いなのである。

いまの人脈の中身と強み

誰かと名刺交換したあとに面会を設定するとか、ご機嫌伺いをするという話は、この章のテーマではない。知らない人に電話で自分を売り込む方法も取り上げない。なぜなら、知り合いに仲介してもらうのが、未知の人と面識を持ついちばんの方法だからだ。全米保健社会生活調査によると、アメリカ人の70％は知人を介して配偶者と出会っていて、誰からの紹介もない出会いはわずか30％にすぎないという（原注8）。仕事上の出会いではおそらく、知り合いを介する比率はさらに高いだろう。

だから、明るい仕事人生を切り開くために心強い人脈を築こうとするなら、手始めに、自分にはどんな知り合いがいるかを振り返るのが大切だろう。理由は、旧知の人から新しい知り合いを紹介してもらえるだけではない。知り合いはいまもあなたに影響をおよぼしている。時としてそうとはわからないうちに、あなたの考えや行動を変えたり、仕事の可能性をもたらしたりしているのだ。

仕事にせよ、プライベートにせよ、人間関係にはさまざまな種類がある。親友や家族、丁寧に接する同僚、ほどほどの信頼を寄せる知り合い……。それぞれの関係性には違いがある。以下では、仕事上で大きな意味を持つ2種類の人間関係を取り上げる。

ひとつは仕事上の仲間である。いさかいが起きたとき、あるいは重圧を受けたとき、あなたに寄り添ってくれるのは誰だろう？　今後の仕事の選択肢について何人かと相談するとしたら、誰を誘うか？　一緒に働けたらいいと思うような、信頼できる相手は誰か？　重要プロジェクトについての意見が欲しいとき、誰に相談するだろう？　人生の目標やプランを見直すようなとき、誰に付き合ってもらうか？　答えとして名前が挙がる人々こそ、あなたの仲間である。多くの人は、いつでも最大で8人から10人くらいを、仕事上の強力な仲間にしておけるはずだ。

ふたつめとして、ゆるやかな間柄やそれほど親しくない知り合いとの関係を取り上げる。良好な関係ではあるが、すごく親密というわけではない友人を思い浮かべてみよう。時々メールをやりとりする相手は誰だろう？　ちょっとした仕事上の頼みごとができる相手は？　それほど親しくない相手との2、3年前の会話を思い出せるだろうか？　このような弱いつながりの数は、人によってまったく違う。性格、業種や職種、人付き合いのしかたによって、その数は最大で数百、あるいは数千にも上るだろう。

仕事上の仲間

1978年、メアリー・スー・ミリケンという女性がシカゴの料理学校を卒業した。彼女は実務経験がゼロだったにもかかわらず、市内で随一のレストラン、ル・ペロケで働くと心に決めていた。数週間かけて熱心に自分を売り込んだ末についにフルタイムで雇われ、エシャロットの皮むきの仕事を与えられた。同じころ、やはり料理学校を卒業したばかりのスーザン・フェニガーも、ミリケンに負けず劣らず高い目標を掲げていた。そこでフェニガーはニューヨークからシカゴへ移り住み、何カ月かの後、ル・ペロケの厨房で野菜を洗ったり、ブロッコリーを蒸したりしていた。厨房にはふたりのほかに女性はいなかった。食への情熱がひときわ強いのもこのふたりだった。それでなくても勤務時間が長く、へとへとになるまで働いていたのに、始業の2時間半も前に出勤していた。ふたりは友情を育んだが、1年くらい過ぎると新しい仕事に挑戦したいと考え、別々の道へと進んだ。フェニガーはロサンゼルスに行き、オーストリア出身のアカデミー賞公式シェフ、ウルフギャング・パックが無名時代に最初に開いたレストランで働きはじめた。ミリケンはシカゴにとどまり、自身のカフェを開業した。だがうまくいかなかったため、フランスのレストランで修業しようと決意する。そして、「もうすぐヨーロッパへ渡る」と伝えるために、フェニガーに挨拶がてら久しぶりに電話をしようと思い立った。するとと何と、相手も同じことを考えていたというではないか。偶然にも、ふたりとも翌週にはおのおのフランスの土を踏み、新しい職場で仕事をはじめていた。

ミリケンとフェニガーは、フレンチ・ビストロで食事をともにしたり、週末にフランスの小さな町を旅行したりして絆を取り戻し、プライベートと仕事の両面で関係を深めていった。ふたりは、いつの日か他者のもとで働かなくてもよい立場になりたい、それどころか自分たちのレストランを持てたらどれほどよいか、と夢を描いた。フランスでの滞在が終わりに近づくと、握手を交わし、いずれ一緒に仕事をしようと誓い合った。だが、残念ながらすぐにではなかった。ミリケンはシカゴに、フェニガーはロサンゼルスに戻り、それぞれ地元のレストランに職を得た。

それからの数カ月間、フェニガーは約束を忘れず、「ロスに来て、一緒にビジョンを形にしない？」とミリケンをせっついた。ミリケンはついにこれに応じて、相方とともにロサンゼルスの東部にシティーカフェという居心地のよい店をオープンし、初の共同経営に乗り出した。厨房はふたりで受け持ち、皿洗い兼ウェイターをひとり雇った。手狭だったため、グリルは裏手の駐車場に置いた。急場しのぎの連続だったが、3年目になると、お腹を空かせた常連客が長い列をつくるようになっていた。次にふたりは、もっと大きくて立派なレストランを開いた。キューダッドというラテンアメリカ料理の専門店である。この店は開業当初から激賞された。おしゃべり好きなふたり組のカリスマシェフはメディアの関心をひいた。長年にわたる二人三脚や、ひらの料理人からオーナーシェフへと手に手をとって活躍の場を広げてきた様子は、人々の心を動かした。ふたりの経営するロサンゼルスやラスベガスの店の繁盛ぶりが、多くを物語っていた。料理専門のフードネットワークという放送局からは、『激辛《トゥーホット》タマーレ』という番組への主演依頼が舞い込み、出版社からは料理本の執筆を請われた。野菜や皿を洗う厨房での下積み時代に出会ってから30年が過ぎたいま、ミリケンとフェニガーはアメリカにおけるラテンアメリカ料理の権威として、揺るぎない地位を築いている。

　ミリケンはこの二人三脚が大きな成功をもたらした理由について、ふたりの強みや関心が互いの足りないところをうまく補ったからだと述べている。「初めて厨房で肩を並べて働いたときから、自分とは違った持ち味に惹かれ合ったの。フェニガーは混沌《カオス》を好むわ。上を下への大混乱、ウェイターの絶叫、料理人のあたふた、全員が髪を振り乱したハチャメチャな状況をね。そのただなかに身を置いているときが、いちばん幸せみたい。わたしのほうは、緻密さやプランづくりにこだわるから、混乱からは距離をとるわ」

　ふたりの関係はふたたび前進している。フェニガーは先ごろ初めてレストランの単独経営に乗り出した。この店はある意味、ミリケンとの共同経営店と競合する。それでもふたりは、いまでも強い絆を強調しているし、実際その言葉に偽りはない。仲間どうしは同じ分野で活動することが多いから、時として競合もありえる。「仲間どうしの競合」という表現は矛盾するように思えるかもしれない。しかし、たまに微妙な状況に直面することがあっても、互いへの敬意を失わずにそれを乗り越えれば、絆の強さを改めて確かめられる（＊1）。

　仲間どうしの一般的な関係とは何だろう。あなたにとって、仲間関係とはどういうものか？

ひとつには、仲間とは折に触れてアドバイスを求める相手である。その人の判断を信頼しているのだ。ふたつめとして、その人となら手を携えてチャンスを積極的に分かち合おうと思えるのが仲間である。仲間の関心や利益にはふだんから注意を払っていて、一緒に何かできそうだと思ったら、それを実行に移す。3つめとして、仲間のことはほかの友人たちの前で褒める。彼または彼女の「ブランド」を宣伝するのだ。仲間がいさかいに巻き込まれたら、守ろうと努力して、その名誉のために立ち上がる。あなたが辛い立場になったら、相手も同じことをしてくれる。都合のよいときだけ仲間になるような虫のよい話はない。逆境に耐えられないようでは、仲間どうしとは言えない。なお、仲間どうしはそれをはっきり口にするはずだ。「僕らは仲間だよね？　助け合うにはどうするのがいちばんいいだろう？」などと。

ロン・ハワードとブライアン・グレイザーは、ハリウッドを代表する製作者と監督。このふたりの盟友関係は伝説となっている。ふたりの関係の本質については、ハワードが簡潔に言い尽くしているから、その言葉を紹介したい。「こんな破天荒な業界にも、興味関心が一致して思

＊1
ミリケンとフェニガーは、マイケル・アイズナー著の『ともに働く（原題：Working Together／未訳）』で取り上げられており、本書の記述はこれを参考にした。

いやりを持てるとても賢明な相手がいて、自分と呼吸を合わせて同じ方向へ進んでいる。そう思えるのは、とてつもなく有り難いことだ」。仲間とはこういうものである。

わたしが初めてマーク・ピンカスに会ったのは2002年、ペイパルで働いていたときだ。ペイパルでの自分の経験をもとに、ピンカスの会社について助言をしていたのだが、最初の話し合いの際、彼の自由奔放な創造性とはちきれそうな活力に目を見張った。それに引き換えわたしはといえば、どちらかというと常識に従う性質だし、ピンカスのようにアイデアを次々とすさまじい勢いで生み出すのではなく、戦略の枠組みに当てはめるのを好む。流儀の違う者どうしだからかえって会話が弾んだ。とはいえ、わたしたちの協力関係が目覚ましい成果を生んだのは、興味関心やビジョンが似通っていたからである。彼とわたしはソーシャルネットワーク・サービス（SNS）の黎明期に当たる2002年、共同でフレンドスターというSNSに投資した。2003年には、SNSの土台をなす技術を保有するシックス・ディグリーズから特許を買い取った。その後、ピンカスは自身のSNSであるトライブを、わたしはリンクトインを立ち上げた。わたしは2004年、ピーター・シールとともにフェイスブックに当初資金を提供しようとしていたときに、自分の割当枠の半分を譲りたいとピンカスに申し出た。旨みのありそうな機会があれば彼に声をかけたいとごく自然に思った。SNS事業に携わる彼の関心に合うならなおさらである。それが仲間どうしというものだ。2007年、彼から電話でソーシャルゲーム会社ジンガの構想を知らされた時、わたしは一も二もなく、ピンカスが共同創業して経営の舵を取るジンガへの出資と取締役就任を希望し、それが実現した。ピンカスもわたしも、フェイスブックとジンガの大成功を確信していたが、いざサービスが始まってみたら、誰もの予想を超える驚異的な躍進ぶりである。仲間どうしは、損得など計算せず、互いのためにできるかぎり尽くすものだ。では、これらの協力関係は何によって支えられているのだろう。わたしたちはともに、ネット事業、特にＳＮＳ事業への情熱に突き動かされている。互いの足りない面を補っている。互いに友情を抱いている。しかも知り合ったばかりではなく、仲間意識を抱く何年も前から面識があった。このほかにも、一見したところ何でもないようでも、特筆すべき理由がある。わたしたちはどちらもサンフランシスコの湾岸地域《ベイエリア》に住んでいるのだ。多くの調査が示すとおり、物理的な距離の近さは実は、関係の強さを最も的確に示すモノサシなのである。

ピンカスとわたしにとって、これまでの事業成果は素晴らしいものだ。しかし、仮に投資額や利益が小さかったとしても、よき相棒と手を組むと多くのものがもたらされる。社会人として駆け出しのころは、自己発見、人脈づくり、将来へのプランづくりなどを助けてもらえる。ベン・カスノーカと起業家ラミット・セシ、クリス・イェーは、強い信頼関係で結ばれていて、その本質は世の中についての共通の理解を深めることにある。彼らはネット上で頻繁にやりとりをしていて、これは21世紀ならではの関係性だといえる。3人はかれこれ5年も前から、デリシャスというブックマーク・サービスを使ってフォローし合い、互いのお気に入りの記事、動画、ブログ記事、ウェブサイトなどを読んでいる。他人の読んでいるものを参照するのは、その人の思考の成果を最初に目にするようなものだろう。何千ものブックマーク、ツイート、ブログ記事はどれも、その人の頭のなかに何があるかを日々、細かいところまで理解する助けになる。すると、電話で話したり、会ったりするたびに、それがあたかも数分前の会話のつづきであるかのように感じられる。互いの脳の中身をこれほどよくわかっていれば、信頼、友情、事業上の実り多い協力関係が生まれるのも当然だろう。

仲間との関係はギブ・アンド・テイクの繰り返しだが、対価はカネではない。会計士に確定申告書の作成を依頼して、その稼働に見合った報酬を支払うような場合、それはカネを対価とする関係である。だが仲間との関係では、相手が日曜の夜に翌日朝のプレゼンテーションの準備をしていて、土壇場で助けを必要としていたら、たとえ忙しかったとしても、助け舟を出すために相手の家に行くだろう。

このような「コミュニケーションと協力の積み重ね」をとおして信頼が培われる。コラムニストのデヴィッド・ブルックスはこう書いている。「信頼関係とは互いを頼る習慣を指し、これは感情の衣をまとう。『相手を頼っても大丈夫だ』と少しずつわかってくると、ふたりのあいだに信頼が芽生える。信頼関係が生まれるとほどなく、互いに協力しようとするばかりか、相手のために犠牲をもいとわなくなる」（原注9）

相手に手を貸して犠牲を払うのは、困っている友人を助けたいからだけではない。こうしておけば、いつか自分が苦しい立場に置かれたときに、相手を頼れるだろうと思うからだ。これは利己的ではなく、人間らしい発想である。社会性を持った動物が互いに手を差し伸べるのは、ひとつには、いずれ自分も助けられる立場になるからである。仕事上の信頼関係では、見返りはすぐに得られるのではない。次の日に相手に向かって、「プレゼンの手伝いをしたんだから、今度は何かお返しをしてほしい」などとは言わないはずだ。ギブ・アンド・テイクをとおして、運命共同体になるのが理想だろう。**言葉を換えれば、あからさまな損得勘定が影を潜め、見返りがあるまでの期間が長くなるにつれて、互いの関係は貸し借りに根差したものから本当の仲間へと変化していく**（＊2）。

＊2　利他主義と相互依存については、startupofyou.com/alliance に詳しい説明があるので参照いただきたい。

ゆるやかに結びついた知人：人脈の幅を広げよう

盟友と呼べる相手はその性質からして当然、それほど多くはない。もっとゆるやかな関係のほうが多く、これもまたわたしたちの仕事人生で一定の役割を果たす。カンファレンスで面識を得た相手、かつての同級生、他事業部の同僚、あるいは毎日の生活のなかで出会う、面白いアイデアを持った面白い人々。社会学ではこれは「弱い紐帯《ちゅうたい》」と呼ばれる。一緒に過ごす時間は短く密度も濃くないが、それでも良好な関係にあるのだ（たとえば、年に1、2回カンファレンスで会う人、ネット上でしかやりとりのない相手など）。

仕事上の弱い紐帯についての正式な研究は1973年に行われた。社会学者のマーク・グラノヴェッターが、ボストン在住の転職まもない人々をランダムに抽出して、新しい働き口をどうやって見つけたか質問したのだ。「知り合いの紹介」と回答した人には、紹介者とどれくらいの頻度で会うかと尋ね、「よく会う（週に2回）」「時々会う（年に2回以上）」「たまにしか会わない（年に1回以下）」のなかから当てはまる回答を選んでもらった（原注10）。よく会う相手からの紹介で転職先を見つけた人の比率は、およそ16％だった。時々会う相手とたまにしか会わない相手による紹介は、それぞれ55％と27％だった。つまり、仕事の紹介は弱い紐帯によるものが多かったのである（原注11）。いみじくも『弱い紐帯の強み』と題した論文でグラノヴェッターは、「それほどよく知らない友人こそが、転職口を紹介してくれるのだ」と結論づけている。

グラノヴェッターはこの結果について、共通項で結ばれた小集団はともすれば、まったく新しい経験、機会、情報をさえぎる働きをする、と説明している。人はたいてい小集団の仲間と一緒に行動するから、親友は同じ業界、近隣地域、宗派などに属している。絆が強いほど、相手は自分と似てくる可能性が高く、自分が相手をほかの友人に紹介しようと思う可能性も高くなる（原注12）。

感情面に着目するならこれは素敵なことだ。たくさんの共通点を持った人たちと一緒に行動するのは楽しい。ただし、見方を変えると、このつながりのせいで考え方の似た者どうしのあいだで情報が堂々めぐりをするため、情報量がかぎられてしまうというのがグラノヴェッターの指摘である。親友が知っている求人情報は、たぶんあなたの耳にも入っているだろう。強い絆で結ばれた相手とのあいだでは一般に、知識、活動、友人などが重なり合うため、広がりに乏しくなる。

他方、ゆるやかにつながる相手はふつう小集団の外にいる。それほど親しくない相手については、ほかの友だちに紹介しようとは必ずしも思わないだろう。このため、ゆるやかな間柄からのほうが、新しい情報や働き口がもたらされる可能性が高い。これこそ、グラノヴェッターの主張の核心である。ゆるやかな間柄は外の世界との橋渡し役という独特の役割を果たすから、聞いたことのない情報やチャンスを届けてくれる。強調しておきたいのだが、職探しに役立つのはゆるやかな間柄それ自体ではない。そのようなつながりのほうが、未知の情報や求人情報との接点になりやすいということである。ゆるやかなつながりそのものが意味をなすというよりも、人脈の幅と広がりが貴重なのである。

このような込み入った留意点は、マルコム・グラッドウェルが大ベストセラー『急に売れ始めるにはワケがある』（ソフトバンククリエイティブ）でグラノヴェッターの研究を絶賛してからというもの、すっかり忘れ去られてしまった。ゆるやかな間柄は間違いなく大切だが、それが価値を持つのは新しい情報や機会をもたらす場合だけである。すべてのつながりがこれをもたらすわけではない。さほど親しくない相手でも、同じ業界で働いて同じ人や情報に接していれば、グラノヴェッターが言う橋渡し役にはならないだろう。しかも、最近ではかつてなく情報を手に入れやすくなっているから、グラノヴェッターが1970年代に紹介した橋渡し役は、当時ほど重要ではなくなってきている。70年代には、ブラジルの最新情報をいつもキャッチしておくためには、現地に住む人との連絡を絶やさないか、自分で足繁くブラジルに通うのが最善の方法、いやもしかしたら唯一の方法だっただろう。いまでは言うまでもなく、クリック1回で何千種類ものメディアとつながり、はるか彼方《かなた》の国の出来事についても深く知ることができる。70年代には、ほかの都市で仕事を探そうとしたら、そこに住む友人に頼んで地元紙に載る地元企業の求人情報を探し、切り抜きを郵送してもらう必要があった。いまでは求人情報はすべてネット上に掲載されている。たとえ現地にゆるやかなつながりがなくても、そこでの情報に接しやすい環境が生まれている。このように、ゆるやかな間柄にかぎらず、あなたと世間との橋渡し役になる関係はどれもみな、幅広い人脈を手に入れるのに役立つ（＊3）。

どんな方法を使うにせよ、人脈の多様性と幅の拡大は、キャリア転換を図ろうとしている時期には特に重要である。プランAからプランBまたはZへ方向転換するときは、仕事上の新しい機会についての情報を望むはずである。いまとは違う隙間《ニッチ》分野や職域の人と知り合って、方向転換の背中を押してもらえたら、ありがたいだろう。『ハーバード流キャリア・チェンジ術』（ハーミニア・イバーラ著、翔泳社）にはこう書かれている。「（強いつながりを持つ相手は）わたしたちのことをとてもよく理解し、転身を後押ししたいと思うかもしれない。だが、実際にはともすれば、こちらが捨てようとしているこれまでの個性や持ち味を支持し、それどころか何とかして捨てさせまいとする。多彩で幅広い人脈があれば、臨機応変にキャリア・チ

＊3
自分とは似ていないがかなり親しく、それぞれの友人を紹介し合うような、〝そこそこ強い〟つながりは、弱いつながりよりも大きな価値があり、わたしたちの人脈全体を独特のやり方で広げてくれる。さまざまな人脈の種類については、www.startupofyou.com で詳しく取り上げている。

エンジをしやすいだろう」（原注13）

仲間やゆるやかなつながりは、どれくらい持てるか？

誕生日に、メモリーカードが付属したデジタルカメラを贈られたとしよう。あなたはそれを、6カ月間のアフリカ旅行に持っていく。現地ではコンピュータを使えないから、メモリーカードの容量内でしか写真を保存できない。到着直後は気軽に次々とシャッターを切り、短い動画まで採録するかもしれない。ところが1カ月くらい経つと、メモリーカードがいっぱいになってくる。そこで、かぎられた記憶容量をどう使うべきかをよく考えなくてはならない。撮る枚数を減らすかもしれない。1枚あたりの容量を小さくして、たくさん保存できるようにするために、解像度を低くする手もあるだろう。あるいは、動画モードの使用をやめるだろう。それでも、いつかはメモリーカードがいっぱいになるのは避けられず、どうしても新たに写真を撮りたいなら、保存してある写真を削除しなくてはならない。デジカメが写真や動画を無制限に保存できないのと同じく、わたしたちが保てる人脈の数にもかぎりがある。だから、たとえよく考えて相手を絞ったとしても、いつかは限界にぶつかり、さらに人脈を広げようとすると既存の人間関係にしわ寄せがおよぶ。

わたしたちが無理なく付き合える人間関係の数——先の喩《たと》えではメモリーカードに収まる写

真の数――は、進化心理学者のロビン・ダンバーにちなんで「ダンバー数」と呼ばれている。だが、この言葉は誤解を招きかねない。ダンバーは90年代初めに、サルなどの霊長類の集団における社会的なつながりを研究した。そして、社会集団の最大規模は大脳新皮質の大きさに制約されるという理論を掲げた。ほかの動物との交流には知力を要するため、脳が小さいと相手とうまく接することができず、付き合いを広げられないというのである。つづいてダンバーは、人間はひときわ大きな大脳新皮質を持っているから、大勢の相手とうまく交流できるはずだと推論した。わたしたちの大脳新皮質の大きさをもとに、その時々で最大150人くらいとの付き合いを保てるという結論を引き出したのだ。そしてこれを検証するために、狩猟採集時代の村や種族についての文化人類学のフィールドレポートを読んだり、手がかりを探ったりした。予想どおり、長く存続する種族の規模はたいてい150人ほどだった。現代社会に目を転じると、多くの企業や軍隊では150人くらいをひとつの組織にまとめていた。こうして150というダンバー数が導き出されたのである（原注14）。

ただし、ダンバーの研究は、ひとりの人間が付き合える相手の数を探ったものではない。人間以外の霊長類が集団としてともに生き延びることのできる数を調べたのである（人間については推論したにすぎない）。たしかに、ひとまとまりで行動できる頭数と、付き合える相手の数には強い相関がある。生活上で接点のある人すべてを社会集団の一員と見なすなら、なおさらである。しかし、たいていの人は自分の交際範囲を、ダンバーが研究の対象とした社会集団よりも広くとらえている。現代では、ダンバーが念頭に置いた種族での生活とは異なり、交際範囲に含まれる全員とじかに顔を合わせなくても生き残りは可能である。

　ダンバーの研究をどう解釈するかはさておき、1日は24時間しかないという事実を考えただけでも、付き合いを保つことのできる人数に上限があるのは明らかだろう。もっとも、一般に考えられているダンバー数の特性とは裏腹に、はっきりした上限数があるわけではない。関係のあり方に応じてその数は変わってくるのだ。デジカメの例を思い出してほしい。写真の解像度を低くすれば保存枚数は100枚だが、解像度を高くすれば40枚である。人間関係についていえば、毎日顔を合わせる親密な相手は少数だが、年に1、2回でもメールを送れば、それほど親密ではない多くの知り合いともつながりを絶やさずにいられる。

　ただし、意外な事実もある。親しい仲間との付き合いやゆるやかな知人関係を保つには、数にかぎりがあるが、わたしたちの人間関係はこれだけにとどまらないのだ。実際には、メモリーカードの記憶容量をはるかに超える、膨大なソーシャルネットワークを維持することができる。この膨大なネットワークをうまく活かすと、人脈の数をテコにして自分の力をグンと伸ばすことができる。

ソーシャルネットワーク：2次、3次のつながり

仲間、ゆるやかな輪を形成する人々、そしていま付き合いのある相手は、1次のつながりに属する。ダンバー流に述べるなら、わたしたちがその時々で1次のつながりを保てる相手の数にはかぎりがある。しかし、友人にはわたしたちの知らない友人がいるはずだ。この「友人の友人」が2次のつながりである。さらにその人にも友人がいて、自分から見ると「友人の友人の友人」に相当する。これが3次のつながりである。

ソーシャルネットワークの分野では、各自のネットワークに属する人を表す際に「X次の隔たり」という表現を用いる。世界の空港網やインターネット（相互につながるコンピュータやサーバーの集合体）など、何かが相互につながったものをネットワークと呼ぶ。ソーシャルネットワークは、大勢の人と彼らのつながりを指している。仕事上でやりとりのある相手は全員、あなたの仕事上のソーシャルネットワークを形成している。

あなたのネットワークは想像以上にパワーと広がりがある

誰かと出会ったら、相手と自分に共通の知り合いがいることがわかった——こんな経験について考えてほしい。近所の金物店の店員は、あなたの義弟と一緒にヨセミテ国立公園を端から端までハイキングした経験を持つという。交際をはじめたばかりのガールフレンドが、実は自

分の上司と同じボウリング・クラブに属している……。こんな発見の後は「世の中って狭い」とつぶやく。このような意外なつながりは人生を楽しくする。街の雑踏は知らない人だらけのように思えるから、見知った顔があると注意をひかれる。

だが、世の中はほんとうにそんなに狭いのだろうか？ 心理学者のスタンレー・ミルグラムと弟子のジェフリー・トラバースは、世の中はまぎれもなく狭いことを確かめた。わたしたちは時々、知り合いどうしの意外なつながりを知って驚くが、実際には世間はもっと狭く、もっと密につながっていたのである（原注15）。ミルグラムとトラバースは1967年に有名な調査を行った。ネブラスカ州在住の数百人に、マサチューセッツ州のとある株式ブローカーを知っていそうな相手に手紙を出すよう依頼した。そして、そのブローカーのもとに手紙が届くまでに何人のもとを経由するかを追跡した。すると、マサチューセッツ州にある目当ての人物の自宅または事務所にたどり着くまでには、平均6人を介していた。つまり、ネブラスカのもともとの差出人とマサチューセッツの受け手とのあいだには6次の隔たりがあったのだ。ここから「6次の隔たり」の理論が生まれ、「地球の裏側にいる見ず知らずの人と自分には、共通の知り合いがいる」という言い伝えが裏づけられたのである。

2001年に社会学者のダンカン・ワッツは、ミルグラムの研究に触発されて、地球規模でもっと野心的で緻密な調査を行った（原注16）。まず、「目当ての人物」として13カ国の18人を選んだ。エストニアの古文書調査官、ウェスタン・オーストラリア州の警官、ニューヨーク州北部の大学教授など、できるだけ多彩なメンバーに白羽の矢を立てた。次に全米から6万人以上の参加者を集め、目当ての人物のうち誰かひとり、またはその人物を知っていそうな人にメールを送るよう依頼した。驚いたことに、目指す相手のもとにたどり着かなかったメールを加味してもなお、結果はミルグラムの説の通りだった。発信元と目当ての人物のあいだには5次から7次の隔たりがあったのだ。

世間はまったくもって狭いのである。なぜなら、いたるところでつながっているから。

ミルグラムとワッツそれぞれの調査研究は、地球上では人間による巨大な相関関係が展開していることを示している。そこでは人間はみな、あいだに6人をはさんで互いにつながっている。自分は友だちを介して何十億もの人々とつながっているのだと思うと気分がいいし、これが自分の人生のスタートアップにとって持つ意味はとても大きい。あなたが医師を志していて、関心のある科の権威に会いたいとしよう。聞くところによれば、紹介がないかぎり面会は無理だという。幸いにも、相手と自分との隔たりはわずか6人のはずである。ただし困ったことに、ミルグラムやワッツのようにひとりの親しい友人に頼んでメールを送ってもらい、6、7人を経由して先方に届くだろうと期待するのでは、効率も悪いし心もとない。たとえお目当ての人物のもとに届いたとしても、紹介の威力はかなり弱まっているだろう。「あなたの友人の友人の友人の友人の友人の友人です」と言ったのでは、いかにも迫力不足である。

だが、もし人間世界の相関図があれば、あなたと医師とを結ぶ最短経路を突き止められるはずだ。しかも、全体図は実際に作られつつある。ソーシャルネットワーク・サービス（SNS）が、「世界中の人間どうしのつながり」という漠然としたものを、形のある検索可能な対象に変えているのだ。世界には専門性の高い仕事に就くプロフェッショナルが推定で10億人いるとされ、そのうちの1億人以上がリンクトインに登録している。しかも、登録者数は毎秒ふたりのペースで増えている。リンクトイン上で検索すれば、知り合いやその友人を見つけ、彼らの力を借りてできるかぎり仲介者の少ないかたちで著名な医師への紹介を取りつけることができる。やみくもにメールを出して、あとは6、7人を経てお目当ての人物に届くことを祈るような必要はない。上記の図は、ある会員がどんな人々を介してセーラ・ペンドレル医師につながるかを、リンクトイン上で示したものである。

ここで「6次の隔たり」についての注意点がある。これは学術理論としては正しいが、あなたの仕事上の助けになりそうな人に面会するとなると、重要なのは「3次の隔たり」である。

あなたとセーラ・ペンドレルさんとの関係

あなた
↓
カレン・マーラー
↓
ジェーン（セーラ・ペンドレルの知り合い）
↓
セーラ・ペンドレル（3次のつながり）

ここでは「3」という数字がカギを握る。あなたが2次、3次の隔たり相手に紹介された場合、仲介者のうち少なくともひとりは、あなたかお目当ての人物のどちらかをじかに知っているはずだ。この例では、あなた↓カレン↓ジェーン↓セーラというつながりができていて、あいだにいるカレンとジェーンは、ここで新たに結びつこうとしているふたり、つまりあなたとセーラのどちらかを知っている。このようにして信頼が保たれるのだ。ここにもう1段階加わると、連鎖の真ん中にいる人はあなたとセーラのどちらも知らないから、紹介しても果たして物事がすんなりいくのか確信が持てない。友人の友人の友人とはいえ、しょせんは赤の他人なのに、なぜ赤の他人どうしを紹介しなくてはならないのか？

　このように、仕事上の人脈をいくら広げても、

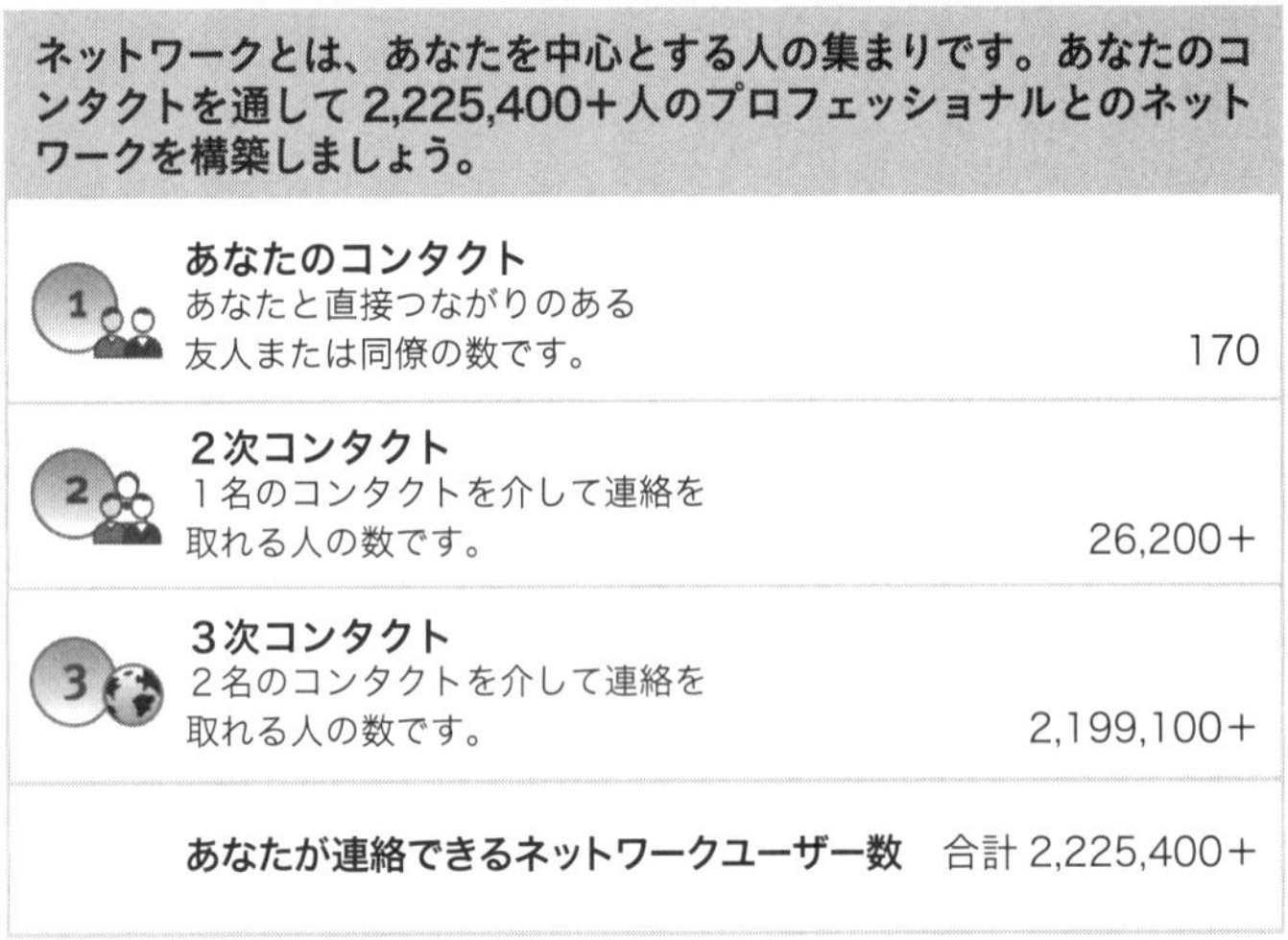

> ネットワークとは、あなたを中心とする人の集まりです。あなたのコンタクトを通して 2,225,400+人のプロフェッショナルとのネットワークを構築しましょう。

①	**あなたのコンタクト** あなたと直接つながりのある 友人または同僚の数です。	170
②	**2次コンタクト** 1名のコンタクトを介して連絡を 取れる人の数です。	26,200+
③	**3次コンタクト** 2名のコンタクトを介して連絡を 取れる人の数です。	2,199,100+
	あなたが連絡できるネットワークユーザー数 合計	2,225,400+

6次の隔たりによってこの地球上のおよそ70億人とつながることができるわけではない。それでも、2次、3次の隔たりまでは、紹介者をとおして自分の人脈に取り込むことができる。これはかなりの人数である。あなたに40人の友人がいて、彼らにそれぞれ35人の友人がいて、さらに彼らにそれぞれ45人の友人がいるとしよう。40×35×45＝６３０００だから、紹介をとおして合計６３０００人もと知り合うことができるわけだ。

たしかに、友人関係には重複もあるから、それを差し引くと合計人数は少し減るだろう。リンクトインの「あなたのネットワーク」画面を見ると、1次、2次、3次のつながり《コンタクト》の数が出ていて、重複を考慮したとしても、かなりの人数であることがわかるはずだ（前ページの図を参照）。
リンクトイン上で170人とつながりのある人は、実は、200万人超（200万人＋）のプロフェッショナルとのネットワークの中心にいるのである。リンクトインが最初のころマーケティングで「あなたには自分で思っているより大きな人脈がある」とうたっていたわけが、おわかりだろう。実際にそのとおりなのだから！

数だけでなく、威力もまたあなたの想像を超えているはずだ。ソフトウェア分野の起業家フランク・ハニガン（アイルランド在住）は2010年、リンクトインで直接つながりのある700人に事業内容を紹介して、8日間で20万ドル以上もの事業資金を集めた。出資者の70％は直接のつながりのある相手（1次コンタクト）である。残る30％は2次コンタクト、つまり、ハニガンの1次コンタクトから紹介やメッセージの転送を受けた人々だった。これが「知り合いの知り合い」を含む人脈のすごさである。

紹介によって2次、3次のコンタクトとつながろう

これで一流の医師、理想的なエンジェル投資家、望みどおりの働き口の採用担当マネジャーなど、あなたにチャンスをもたらす相手との面会にこぎつけるための、最適な経路がわかっただろう。では、あいだに入る2次、3次のコンタクトと実際につながるにはどうするかという

と、紹介を頼めばよい（＊4）。お目当ての相手を知る友人に、紹介を依頼するのである。共通の友人を介して誰かとつながるのは、パスポートを提示して国境を楽に超えるようなものだ。信用の力により、たちどころに交流がはじまる。

わたしのもとには毎日、起業家からの出資依頼メールが50通ほど届く。しかし、まったく知らない人からの依頼に応じた経験は一度もなく、これからもおそらくないだろう。片や、知人からの紹介であれば、その起業家はすでにわたしの信頼する人物のメガネにかなっているわけだ。信頼する人脈とその周辺にいる人々の案件だけを検討対象にすれば、出資するかしないかの判断をすみやかに下せる。

2次、3次のつながりに該当する人と会いたいときは、いつでも誰かに紹介を頼もう。たいていの人は、頭ではわかっていても実行しない。目指す相手にじかに連絡するほうが手っ取り早いからだ。知人に頼みごとをするのはきまりが悪い場合もあるだろう。たしかに、ただの知り合いのために紹介の労をとる義理はない。それでも、説得力のある理由を添えて単刀直入に頼まなくてはいけない。「レベッカはテクノロジー業界で働いているから、彼女に会って話をしたい」ではいまひとつだ。「僕の会社がレベッカの会社との提携を検討しているから、彼女と話をしたい」と切り出すと、紹介が自分だけでなく先方にもメリットをもたらすように聞こえるから、こちらのほうがよい。誰かに連絡を取ろうとするときは、どう先方の役に立とうとしているかをはっきり伝えるべきだ。少なくとも、先方の時間を無駄にはしないと請け合おう。

面識を得たい相手に自分が役立つ方法を見つけ出すか、そこまでいかなくてもせめて、最も大切な共通の利益が何かを探ろうとするなら、いくらかの下調べが必要である。無料の出会い系サイトのオーケーキューピット（OkCupid）が、会員が気に入った相手に最初に送るメッセージ50万通以上を調べたところ、「あなたは……と書いていますね」「僕が見たところでは……」「……に興味があって……」といった表現が入っていると、返事をもらえる可能性が高かったという（原注17）。これらは、相手のプロフィールをよく読んだことをほのめかすフレーズである。出会い系サイトではこうした努力をするのに、仕事で誰かに連絡をとる際には、なぜか手を抜いてしまう。みんな相手について何も調べずに、決まりきった依頼文を送りつけてくるのだから、あきれるばかりだ。30分でいいから自分の人脈を取り巻く人々について調べ（とっかかりとしてはリンクトインがとても便利だ）、そこで知った内容をもとに文面を工夫す

＊4
ゆるやかなつながりと2次、3次のコンタクトには違いがあることを覚えておいてほしい。ゆるやかなつながりはいまの知り合いとの関係を意味し、1次のコンタクトに相当するのだ。2次、3次のコンタクトとは、いまはつながりがないが、友人の紹介をとおして連絡を取れる相手を指す。

れば、キラリと光るだろう。たとえば、こんなふうにしてはどうだろう。「夏にドイツの建築事務所で仕事をされたようですね。わたしは以前、ベルリンの広告会社で働いた経験があり、また戻りたいと考えています。ドイツで仕事をするチャンスについて、情報交換をお願いできませんか」

自分の人脈についてあれこれ好きなだけ考えたり、分析したりしてかまわないが、自己紹介や仲介依頼がうまくできなければ、何にもならない。本腰を入れよう。月に少なくとも1件は誰かから自己紹介を受けたり、自分から誰かに自己紹介したりしないようでは、おそらく、仕事上の人脈やその周辺にいる人々との縁を十分に活かしているとはいえない。

結束力と多様性があるのが、仕事上で最も望ましい人脈

数年前に社会学者のブライアン・ウッジが、1945年から89年までに製作されたブロードウェイ・ミュージカルを対象に、何が興行面での成否を分けたのかを調べた（成功例には『ウエストサイド物語』『バイバイバーディー』などがある）（原注18）。ヒット作品にあってほかの作品にないものとは何だろう？ ウッジは、製作に携わる人々の人間関係がらみの要因にたどり着いた。失敗作はたいてい、ふたつの極端な状況のどちらか一方に当てはまった。ひとつめは、関係者全員が以前にも仕事で組んだ経験を持ち、旧知の間柄だという状況である。関係者

のほとんどが強い絆で結ばれていると、多様な経験にもとづく新鮮で独創的な発想など生まれない。これとは正反対に、全員が初顔合わせだとやはり作品は失敗する。ゆるやかな結びつきがほとんどだと、チームワークやコミュニケーションがうまくいかず、結束力が生まれないのだ。他方、成功作品を世に出したチームは調和がとれていた。以前に一緒に仕事をした経験のある人とそうでない人が混在し、ゆるやかな結びつきと強い結びつきの両方があった。たしかな信頼がある一方、新しい血が入ることによって新鮮なアイデアも生まれた。こうしてウッジは、ヒット作を送り出すには、結束力と創造性を絶妙に調和させることが重要だと結論づけた。つまり、互いをよく知る人材だけで固めるのではなく、それ以外の人材も招き入れるべきなのである。

華やかなブロードウェイから遠く離れた地でも同じような力学は働いている。モハマド・ユヌス（ノーベル賞受賞者）が設立したグラミン銀行は、バングラデシュの貧しい農村で暮らす人々に、小口の融資を行っている。彼らは旧来型の銀行からは決して融資を受けることができない。ところが先駆者ユヌスは、個人ではなく集団を対象に融資を行えば、仲間内で「返済しなければいけない」という圧力が働くから、焦げつく危険は小さくなるだろうとひらめいた。とはいえ、申請さえあればすべての集団に融資を行うかというとそうではない。アナリストが返済可能性の高い集団を選ぶのだが、その際に最も信頼できるモノサシは集団内の人間関係だという。社会学者のニコラス・クリスタキスとジェームズ・ファウラーは、グラミン銀行の手法をこう紹介している。「(この銀行では)集団内に密な人間関係ひいては信頼を培ったうえで、彼らをほかの集団のメンバーに紹介してゆるやかな結びつきを生み、何か問題が持ち上がったら工夫を凝らした解決策を見つけ出せるようにしている」(原注19)。人間関係が密だと、コミュニケーションの流儀や考え方が似通っている可能性が高いから、強い信頼が生まれる。ゆるやかな結びつきがあると、集団外の人々から新しい情報や力添えをもらうことによって、創造的な解決策を見つけ出すことができる。

あなたの人脈についてもこれと同じように考えてみよう。仕事上の人間関係で最も望ましいのは、狭くて深いつながり(親しい人脈)と、広くて浅いつながり(橋渡し役)がほどよく混じり合っていることである。

深さをもたらすのは結びつきの強い人脈だけである。だからこそ、親しい仲間との絆が何より重要なのだ。親しい仲間はまた、わたしたちの人脈に広がりを持たせてくれ、これはゆるやかにつながるだけの相手にはできないことである。親しい人のほうが、2次、3次のコンタクトなど、面識のない人物への紹介の労を快くとってくれるはずだ。ゆるやかな結びつきは、新しい情報の入手先としては貴重だが、自分に何らかのメリットがないかぎりあなたをほかの人に紹介しようとはしないだろう。前出のグラノヴェッターなら、これに関しても、親しい人間関係には重複が多いと指摘するだろう。あなたと親しい人々は、互いにも、たいていは知り合いのはずだから、彼らが紹介してくれる人は、あなたにとってすでに面識のある相手か、新しい情報や興味深い情報をもたらさない相手、どちらかだと思われる。だからこそ、自分とは違う分野や集団に属す人々と信頼関係を築くチャンスを活かすべきなのだ。多様性を尊重するとよい。ただし、躍起になるあまり「何か裏があるのではないか」などと勘繰られないように。自分とのあいだに得難い相違点のある相手と出会ったら、文字どおり豊かな関係が築けるばかりか、自分の人脈内でやりとりされる情報や創造性の幅が広がると考えてよいだろう。

●

ここまで読み進めてきたあなたならきっと気づいているように、誰よりも大勢とつながりを得た人と、誰よりも好ましいつながりを得た人とのあいだには大きな違いがある（原注20）。人脈の価値は、アドレス帳に載る人数では表せない。大切なのは、仲間、信頼する人脈の結束力と多様性、人脈内を飛び交う情報の鮮度、ゆるやかな結びつきの広がり度合い、2次・3次のコンタクトとの面識の得やすさである。要するに、有益で充実した仕事関係の人脈を築けるかどうかは、いくつもの要因によって決まるのである。

自分にふさわしい人脈を持つのが望ましい。あなたが若くて冒険好きなら、さまざまな分野でのゆるやかな結びつきがひときわ有用だろう。中堅なら仲間を増やして特定の隙間《ニッチ》分野で深いつながりを築くのがよいだろう。何を優先するにしても、自分の人脈を大切に育てよう。あなたの仕事人生は、大切な人たちと広い心でうまく接することができるかどうかにかかっている。

人脈をどう広げ、維持していくか

人間関係は生きものと同じである。食べ物、栄養、気遣いを絶やさずにいると、うまく育つ。世話を怠ったら生気が失われる。これは種類や親しさの度合いにかかわらず、すべての人間関係に当てはまる。絆を深めるいちばんの方法は、長期にわたるいい意味でのギブ・アンド・テイクをすぐに始めることである。相手のために何かをしよう。相手の役に立つのだ。でも、いったいどうやって？

格好の例がある。ツイッターの創業者ジャック・ドーシーが、モバイル向けのクレジットカード決済会社スクエアの共同創業に乗り出したとき、大勢の投資家から関心を示された。すごいアイデアを持ったすごい起業家のもとには、何とか出資させてもらおうと投資家が先を争うようにして押し寄せるものだ。ディッグとミルクの２社を創業したケビン・ローズは、スクエア対応のカードリーダーの試作品を一目見た瞬間に、「小企業向けのサービスとしていける」と直感したという。そこでドーシーに、出資する余地はあるかと尋ねたのだが、返事は「もう枠は埋まっている」というものだった。これ以上の出資者は必要とされていなかったのだ。これでは仕方ない。だが、ローズはそれでも何とかして力になりたかった。そして、スクエアのウェブサイト上にはカードリーダーのしくみを紹介する動画がないことに気づいた。そこでカードリーダーを紹介する鮮明な動画を仕上げて、「参考までに」とドーシーに見せた。これに感激したドーシーは、起業後の初の増資にあたってローズに「好きなだけ出資してほしい」と声をかけた。ローズは相手に付加価値をもたらす方法を考え出したが、見返りなど求めなかった。ただ動画をつくってドーシーに見せただけである。無償の行いだったのだ。言うまでもなくドーシーはこれをありがたく受け止め、お返しをした。

誰かに力添えをするのは、腕の見せどころでもある。「影響力、財力、経験などで劣っているなら、他人に何かをもたらすことはできない」などという思い違いははねつけよう。有用な手助けをしたり、建設的な意見を出したりするのは、誰にでもできることだ。もちろん、仲間の力になるだけの技能や経験があれば百人力だろう。心地よい友人関係もよいものだが、仕事上で仲間をほんとうの意味で助けるのは、人脈の豊富なプロフェッショナルである。これが、ただの知人・友人関係にはない、プロフェッショナル・ネットワークの特徴である。

次に、どんな手助けが役に立つのかを見極めよう。一例として、知り合ったばかりの相手と一緒にランチの席につき、開口一番「ニューヨーク市での働き口を探しているんだ」と切り出したとしよう。相手はフォークを置き、口のまわりのバーベキューソースを拭き取ると、こちらの目をまっすぐ見て「あなたに打ってつけの求人案件を知っている」と言う。これは役に立つだろうか？　とんでもない。相手はおそらく、あなたにとってどんな仕事が打ってつけか、まったくわかっていないだろう。だから、「君の技能、興味、経歴について話してくれないか」と聞くほうが、望ましい応対であるはずだ。いくら善意があってもそれだけでは相手の役には立たない。役に立つためには、相手がどんな価値観を持ち、何を優先しているかを知ったうえで、それに見合った後押しをする必要がある。相手が午前2時まで粘るような用事とは？　何を得意としているのだろう？　興味関心は？　いろいろ考えられるはずだ。知り合ってすぐに「何か役に立てることがあるかな？」と聞くのは、勇み足というものである。まずは相手を知らなくてはならない。

なお、相手のニーズ、課題、望みがわかったら、ささやかな贈り物を考えてみよう。といっても、アマゾンのギフトカードや葉巻ではない。お金はほとんどかからないが、相手にとって貴重なものを贈るのだ。もしかしたら、目に見えないものかもしれない。典型例は、相手の琴線に触れそうな情報や記事、紹介、アドバイスなどである。高価で仰々しい贈り物はむしろ逆効果になる。袖の下を使っているような印象を生みかねないのだ。高価ではないが心のこもったものなら最高である。

贈り物を選ぶときは、「自分ならではの経験や技能は何だろう」と考えてみるとよい。相手にはない自分の持ち味とは？　たとえば極端な想定をしてみよう。ビル・ゲイツに役立つ贈り物とは何だろう？　第三者を紹介しようとしても、役には立たないだろう。相手は、望めば誰にでも会えそうな人物なのだから。ゲイツ財団についての記事を送るのもダメ。当人がインタビューに応じた可能性が高いのだ。彼のプロジェクトに出資する？　いやいや、相手は大富豪ではないか。趣向を変えて、ささやかな何かを考えよう。一例として、あなたが学生なら、あるいは友人や兄弟が大学に通っているなら、大学で目立つカルチャー・トレンドや、テクノロジーの利用形態についての情報を提供してはどうだろう。次の時代を担う大学生が何を考え、どう行動しているかという情報は、どれだけお金があっても、手に入れるのは難しいものだ。自分だけが知っていること、あるいは持っているものは何だろう？　自分にしか贈れないものを選ぼう。これが、ささやかだがとても気の利いた贈り物の極意である。

最後に、相手を助けるのが絆を深める最高の方法だとするなら、次によい方法は、自分が助けてもらうことである。かの偉人ベンジャミン・フランクリンも、「友人をつくりたければ、頼みごとをするとよい」という言葉を残している。逆に誰かから手を差しのべられても、「相手のために何かしただろうか？」と首をひねったり、「どんな裏があるのだろう？」と疑ったりしないことだ。たしかに、罠がある場合もゼロではないが、たいていは心配しなくてよいだろう。人間は世話好きなのである。ぜひ会いたいと思うような人に紹介してもらえるとか、大切なテーマについて数々の知恵を分けてもらえるなら、喜んでその機会を活かし、感謝の気持ちを伝えよう。相手も自分も心が温まり、互いの距離が以前よりも縮まるだろう。

橋渡し役になる

誰かの役に立つには、知り合うチャンスのない人を紹介するか、なかなかできそうもない経験をする機会を提供するとよい。つまり、異なるコミュニティや集団のあいだに立って、橋渡し役を務めるのだ。わたしは起業への情熱に燃えるだけでなく、盤上ゲームの企画にも興味があるから、何人もの起業家仲間をドイツ生まれの盤上ゲーム『カタンの開拓者たち』の関係者に紹介した。こうしてこのゲームに関心を持つ人々のコミュニティがシリコンバレーに生まれた。わたしはまた、消費者向けネットサービスを拡大へと導いた経験があり、理念ある慈善活動に興味を抱いてもいるから、キヴァやモジラ財団を支援している。利益追求事業で培った人脈や経験を、非営利事業に携わる人々に伝えているのだ。ベン・カスノーカは、これまでの経験や知識を活かしてカリフォルニアとラテンアメリカの架け橋になるばかりか、産業界で活躍する20代と上の世代、あるいはビジネスパーソンと出版分野のプロフェッショナルとを引き合わせている。あなたは2つ以上の領域で技能、関心、経験を培ったうえで、ある分野の人々と、彼らに接点を持ちたいと考える別の分野の人々とのあいだを取り持つことができるだろうか？これができれば、とても大きな貢献になるだろう。

真っ先に思い出してもらえるよう連絡を絶やさない

最悪なのは、3年も音沙汰のなかった相手から唐突にこんなメールが送られてくることだ。「何年か前にカンファレンスで会いましたよね。マーケティング関連の仕事を探しているのですが、求人中のお知り合いはいませんか？」。これでは受取人は、心のなかで「何だ、頼みごとがあるときしか連絡を寄こさないんだな」とつぶやくだろう。

忙しい人のもとに「求人中なのですが誰かよい人材を知りませんか」「この分野の専門家を紹介してもらえませんか」といったメールが舞い込んだ場合、思い浮かぶのは最近接した相手のはずだ。自分のことを思い出してもらうためには、受信ボックスやお知らせ一覧の上のほうに名前がなくてはならない。

連絡を絶やさずにいるのはかたちのうえでは難しくない。何カ月も連絡がなかった相手から恥ずかしそうに「ものぐさだから……」などと、まるで「手短なメールをさっと出せるかどうかは生まれながらの能力だ」とでも言いたげな弁解をたびたびされる人は、「難しい」と感じてしまうかもしれない。しかしほんとうのところは、知り合いとまめに連絡を取り合うには、そうしたいという思いと、ちょっとばかりの準備や先回りの気持ちがあれば十分だ。これについてはあなたもおそらく、よくあるアドバイスの数々を耳にしてきただろう。以下では、当然とは見られていないが覚えておくべきことがらを記しておく。

●**たぶん相手の迷惑にはなっていないだろう**。誰かに連絡をとったり、ご機嫌伺いしたりすることに関して、「迷惑なのではないか」「押しつけがましいと思われるのではないか」という不安を持つ人が多い。「一緒にコーヒーでもどう?」とメールを送ったのに返事がないから、1週間後に再送してみるが、またもなしのつぶて。さて、どうしたものか。3度目の挑戦をしたら、「ずうずうしい」と思われるだろうか? 場合によるが、たいていはとりこし苦労だろう。返事がなければ丁寧に連絡を入れつづけよう。いろいろなメッセージ、贈り物、手法を取り混ぜるとよい。迷惑メールの類《たぐい》も増えているから、あなたのメールは受信ボックスのなかで埋もれていることも珍しくない。「ノー」という返事が来ないかぎりは、断られたわけではないと考えてよいだろう。

●**付加価値をつけよう**。ありきたりな挨拶や近況のほかに伝える内容があるときは、連絡を取ろう。たとえば、知り合いの名前がニュースに出ていたとか、相手が書いた、または掲載された記事を読んだ、求人条件に合いそうな人材に心当たりがある、といった場合である。メールを送っても、ただ「最近どうしてます?」だけでは冴えないだろう。

●**「馴れ馴れしいと思われるのでは」と心配なら、ひとりではなく大勢に連絡しているという体裁にしよう**。長く音信不通だった高校の同級生に連絡するのは、唐突な感じがするだろうか? そんな時は、「相手に応じたメッセージを送ろう」という一般的なルールには反するが、その人だけに連絡をとっているのではないという体裁にするのがコツである。「高校時代の仲間たちと旧交を温めようと思って。どう、元気にしてる?」というように。こうすれば、藪から棒な印象はいくらか弱まるはずだ。違和感が和らいできたら、相手に応じた個別のメッセージにすればよい。

●**じかに会うことは何十通ものメールに等しい価値がある**。1時間の昼食をともにすれば、メールで何十回もやりとりするのと同じくらい、相手との絆を深められる。できればじかに会おう。

●ソーシャルネットワークを活用しよう。いつでも自分に連絡がつくようにしておくためには、ソーシャルネットワークがとりわけ便利である。知り合いやフォロワーにいっせいに連絡先の変更を通知したり、近況を報告したりすると、返信したい人はしてもよいが、その義務はない。連絡先や近況の変更、ツイート、記事の回覧などには返信しない人が多いから、ともすれば「誰も読んでいないのだろう」と考えがちだ。しかし、そんなことはない。ネット上での知り合いに、ちょっとした短信を定期的に送るようにすると、たとえ「取るに足らない」と思われかねない中身であっても、人間的なほんもののつながりを築くことができる。仕事上の近況はリンクトイン、プライベートの近況はフェイスブックを使い、両方の知り合いに関心を持ってもらえそうな近況はツイッターで知らせよう。

誰かと音信が途絶えてしまったら、こちらから連絡してみよう。いきなり本題に入り、「すっかりご無沙汰してしまって」と戸惑いがちなメッセージを送ろう。かつて学校、勤務先、地元などで親しくしていた相手と旧交を温めるのは、心躍る経験である。しかも、意味あるつながりを〝新たに〟築くための最も簡単な方法でもある。

「愉快な仲間基金」をつくろう

あなたは、知人や友人と連絡を取り合うのはたしかに大切だと、大きくうなずいているかもしれない。だが、実際に連絡を絶やさずにいるだろうか? 行動パターンはなかなか変えられるものではない。大切だとわかっていることをいざやらなくてはならない段になると、「明日にしよう」などと先延ばししたくなるものだ。そんなわけで、スティーブ・ギャリティとポール・シングは、連絡を絶やさないように、あらかじめお金と時間を用意した。こうしておけば、言い訳はできないはずだ。

スティーブ・ギャリティはスタンフォード大学でコンピュータ科学を学び、その間、夏休みにはスタートアップでインターンとして働いた。2005年に修士コースを終えた後、「シリコンバレーで自分の会社を興したい」という気持ちを固めた。とはいえ、成人してからずっとサンフランシスコの湾岸地域《ベイエリア》に住んでいたため、その時点ですぐに起業したのでは、あと何年ものあいだここから動けないだろうと心配だった。まずは別の地域に移りたかった。そこでシアトル近郊のマイクロソフトにエンジニアとして就職し、モバイル検索技術に取り組んだ。シアトルという土地は新鮮だったし、マイクロソフトは大企業だった。シアトルにも大企業の文化にも、いつまでも親しんでいるつもりはなかったが、従来と違った経験は刺激や勉強になるだろうと思った。

ただし、ギャリティにはひとつ大きな不安があった。シリコンバレーの起業家、ベンチャー・キャピタリスト、友人たちとの人脈はどうなるのだろう……。いつの日かシリコンバレーに戻って起業する決意だったから、そこでの人脈を絶やしたくなかった。こうして、意識して現地の知り合いとの付き合いを保つことにした。彼の創造性が発揮されるのはここからだ。連絡を絶やさずにいる大切さについてただ頭のなかで考えるのではなく（考えているだけだと、たいていはいずれ連絡を絶やしてしまう）、人脈を保つための時間とお金をあらかじめ用意した。ワシントン州では個人や企業は所得税を課されないから、カリフォルニア州ではなくワシントン州に住むことによって、それなりの金額を節約できるはずだと考えた。こうして、シアトルに移り住んだとき、7000ドルの貯金について「これはカリフォルニアのお金だ」と宣言した。

ギャリティは、シリコンバレーの興味深い人たちから食事やコーヒーに誘われるたびに、飛行機でサンフランシスコまで行こうと自分に誓った。クルマで1時間走るのと同じように気軽に飛行機に乗った。彼が遠方にいるとは気づかないスタンフォード大学時代の恩師から、「明日の晩、すごく面白い学生たちがわが家に遊びにくるんだ。君にとっても楽しい集まりになると思うんだが、よかったら一緒にどうか？」と電話がかかってきたときは、「はい」と返事をして飛行機の予約をした。そして翌日の夕方、スーツケースを片手に教授の家に着くと、玄関をノックした。あらかじめ方針を決めて、それを守るだけのお金を用意してあったから、飛行機のチケット代を気にしたり、誘いを受けるかどうか悩んだりせずにすんだ。

マイクロソフトに勤務していた3年半のあいだ、少なくとも月に1回はサンフランシスコのベイエリアを訪れていた。その甲斐はあった。２００９年にカリフォルニアに戻ると、ヒヤセイラボ（Hearsay Labs）という会社を共同創業した。シアトルに住んでいたあいだ、ベイエリアを訪れるたびにソファをベッド代わりに使わせてくれた友人が、事業パートナーになったのだ。

あらかじめ「こうしよう」と決めておくとその通りにできると悟った人物は、ギャリティだけではない。ポール・シングは、ワシントンＤＣとその周辺で生まれ育ち、大学へ通い、何社かで働いた。２００７年に北カリフォルニアに移って現地のテクノロジー企業に勤務したが、「西海岸にいるあいだに、東海岸での人脈が損なわれるのでは」という不安があった。そこで、ワシントンＤＣを訪れて友人たちと会うために、年に３０００ドルを割り当てようと決めた。友人との付き合いを保つほか、知人を増やす目的にもこのお金を使い、「愉快な仲間基金」と呼んだ。愉快な仲間と旧交を温めたり、知り合ったりするためのお金というわけである。数年後にシングはワシントンＤＣに戻り、現在では小さな投資ファンドで社内起業家として働いている。いまの上司と出会ってこの職に就いたのも、愉快な仲間基金をとおしてだ。最近では銀行預金が増えたから、愉快な仲間基金を月１０００ドルに増額して、おもにカリフォルニア時代に培った人脈を保つためにこれを使っている。

目上の人と接する際には、相手との力関係に気を配る

多忙な有力者との人脈を保ちたいなら、立場の果たす役割に特別な注意を払わなくてはいけない。立場とは、その時々の社会環境における権力、名声、地位などを意味する。序列は一定ではないから、各人の立場はまわりとの関係で変わるのだ。たとえばデビッド・ゲフィンは、レコード会社の経営者にして映画製作も手がけるエンターテインメント業界の大立者だが、同じ部屋にスティーブン・スピルバーグがいるとなると、やや影が薄くなるだろう。同じような例として、ブラッド・ピットは押しも押されもしない大スターだが、大勢のソフトウェア・エンジニアが必死にプログラミングをしている部屋に放り込まれたら、場違いな人物になってしまうだろう。アメリカ合衆国大統領はしばしば「世界最高の権力者」と呼ばれるが、ビル・ゲイツあるいは超人気トーク番組の司会者オプラ・ウィンフリーにはできても、大統領にはできないこともある。各人の地位は、その時々の状況とまわりにいる人に応じて決まるのだ。

地位というテーマは、ビジネス書やキャリア本ではあまり扱われない。往々にして、「人々に敬意を持って接しましょう」「相手の時間をムダにしないよう気をつけましょう」といった

言い古された助言のほうが好まれるのだ。これらはたしかによい助言だが、すべてを言い尽してはいない。ビジネスの世界では権力争い、駆け引き、立場のひけらかしなどが日常茶飯事である。自分より強い立場の人たちと一緒に仕事をするときは、こうした力学を頭に入れておくことが特に重要である。ベストセラー作家のロバート・グリーンは成功する前、人情話を雑誌、映画製作者、出版社に売り込むハリウッドの代理店に勤め、ストーリーを発掘する仕事をしていた。負けず嫌いのグリーンは一番になろうとした。そして本人が回想しているように、雑誌、本、映画に取り上げられるストーリーを同僚の誰よりもたくさん発掘した。

ある日、彼は上司から内々に呼び出され、仕事ぶりへの不満を告げられた。具体的な指摘はなかったが、うまくいっていない点があるという。グリーンは当惑した。数多くのストーリーの売り込みに成功しているのに。これが肝心な仕事ではないのか? ほかに難点があるというなら、コミュニケーションが下手なのだろうか。おそらく対人関係上の問題なのだろう。そこで上司と接してコミュニケーションをとる機会を増やし、好印象を持ってもらおうと努めた。自分の仕事の手順や考え方を伝えるために面会した。だが状況はまったく変わらない。その間も、珠玉のストーリーを見つけては売りつづけていた。やがてチーム・ミーティングの最中に険悪な空気が流れ、グリーンはあいだに割って入った上司から「あなたの職務態度はなっていない」と叱咤された。細かい指摘はなく、ただ、人の話をよく聞かず、態度が悪いというのだった。

着実に実績をあげたにもかかわらずわけのわからない批判をぶつけられたグリーンは、数週間後に会社を辞めた。輝かしい成功に彩られていたはずの仕事が悪夢になってしまった。それから数週間、上司とのあいだでどこに行き違いがあったのかをじっくり考えた。

グリーンは、目覚ましい成果をあげて自分の手腕をみんなに印象づけたのが裏目に出たのだろう、と思い当たった。見事な成果を出すのは必須だが、それだけでは十分ではなかったのだと。彼は、自分が高い手腕を示すと上司がかすんでしまうことに気づかなかったのだ。立場をめぐる周囲の力学にうまく対処できなかった。他人の不安、「地位を失うのではないか」という恐怖、自我などを考慮しなかった。階層組織のなかで自分の上下にいる人々との関係をうまく築けなかった。そして結局は、仕事を辞めることによってそのツケを払ったのである。

みんな平等だけど平等ではない

人間はみな平等に生まれついていて、生存、自由、幸福の追求といった誰からも奪われない権利を持っている。これは性別、人種、信仰などにかかわらず全員に保障された権利である。犯罪に手を染めた人は、自由を奪われるかもしれないが、食事をとるなど、人間としての最低限の生活をする基本的な人権は守られる（少なくとも文明国では）。人間らしさの度合いには違いなどない。呼吸をしているかぎり、人間としての尊厳を守られる。以上だ。

しかし、それ以外の面では人間は平等ではない。わたしたちは平等社会に暮らしているのではない。人はそれぞれ異なる選択をするし、たくさんの幸運に恵まれる人もいればそうでない人もいる。ふたりの男性を比べてみよう。彼らはともにニューヨーク市に住み、毎日スーツとネクタイを身につけて金融関係の仕事をしている。表面的には対等な立場に見えるかもしれないが、実際にはどちらかひとりがいつでも成果、影響力、財力、知性、忙しさ、知名度でもうひとりに勝っているだろう（そして周囲からもそう見られているだろう）。

立場の違い——実際の違いと印象上の違い——に応じて、さまざまな状況で期待される振る舞いも変わってくる。立場をわきまえない行動をとった場合、同輩または目上の人の気分を害してしまうおそれがある。以下では、それを避ける方法を、具体的なシナリオを挙げていくつか紹介する。

●就職希望先の採用担当幹部に、履歴書を添付したメールを送り、自宅のそばのコーヒーショップで会ってほしいと伝える。

目上の人と会うときはふつう、先方の都合を優先すべきである。先方にとっていちばんよい時間と場所で、ということだ。目上の人に連絡をとる際は、「そちらのオフィスまたはその近くで」お目にかかりたいと伝えよう。

●同僚の製品マネジャーとのミーティングに遅れてしまった。

遅刻するのは、自分の立場を印象づけようとする典型的な振る舞いである。「わたしの時間のほうがあなたの時間より貴重なのだから、待ってもらってもいいでしょう」と言っているようなものなのだ。もちろん、自分ではどうにもならない事情によって遅れた経験は誰にでもあるから、遅刻したからといって必ずしも偉そうに振る舞っているとはかぎらない。だが、たいていは何かを物語っている。想像してみてほしい。バラク・オバマ大統領と会うときに、遅刻してもかまわないと思うだろうか？　そんなことは絶対にないはずだ。

●自分と同じマーケティング・アシスタントという立場の同僚と話をしていたら、相手からセールス提案を作成中だと聞かされた。あなたは頼まれてもいないのに、「喜んで中身に目を通して、改善したほうがいい点を指摘しよう」と申し出た。

たわいない発言だと思うだろうか？　たしかにたいていは波風など立たないだろう。ただし、用心したほうがよい。相談を受けたわけでもないのに「こうしたほうがよい」と言うのは、「こちらはあなたには見えない問題点を掘り起こすことができる、あなたはわたしの意見をありがたく受け止めるべきだ」とちらつかせていることになる。相手があなたを同輩と見なしている場合、「なぜ指図されなくてはならないのか」と、感謝するどころか憤慨しかねない。

忘れないでほしい。たとえ「自分のほうが偉い」と誇示するつもりではなくても、そう受け止められかねない態度をうっかりとれば、あなたが「よい印象を持たれたい」と望む大切な決定権を持つ相手を、かえって苛立たせてしまいかねない。

●
●
●

ここでの結論は、目上の人に取り入ろうということではない。重要人物の言葉にひたすらうなずくのは、いいかげんであるばかりか、相手に好印象を与えない。他方、目下の人を軽く扱ったり、偉そうな態度をとったりするのもいかがなものか。大物を気取ってみても、目下の人は感動もしなければ忠誠心も抱かず、遠ざかっていくだろう。目上の人も、あなたの大言壮語を「自分を脅かそうとしている」と受け止めるだろう。大切なのはむしろ、相手によっては細やかな対応が求められる点である。目上の人と近づきになりたければ、相手に合わせるのが筋だと心得ておこう。

権力や影響力を伴う立場はともすれば不安定である。上司、上司の上司、経営陣ほか、地位の高い人と絆を結び、強めたいと願うなら、相手との立場の違いに応じて自分がどう振る舞うべきか、考えてみよう。この点を少し意識するだけで大きな効果が生まれる。

関係が疎遠になっていくとき

人は変わる。あなたも変わる。人間関係のなかには期間限定のものもある。だが残念ながら、付き合い方を変えるべき強い理由があっても、惰性で以前のままをつづけるほうが楽な場合もある。つまり、断ち切るべき友人関係をずるずると引きずる人もいるのだ。

２０００年以降に成人した世代はとりわけこの傾向が強いようである。学生時代は、同年代のクラスメートと親しく接し、とても多くの経験を分かち合う。夕食を食べながら、寮での前夜のパーティーで出た話題についてごく気軽におしゃべりを交わす。ところがひとたび社会人になると、四六時中いっしょにいるわけではないから、友人として付き合うかどうかは、情熱の対象や価値観が共通かどうかにかかってくる。しかも、あなたの興味関心や意識も移り変わっていく。大人としての醍醐味のひとつに、関心や知的好奇心がぴたりと一致した人と会えるということがある。幼なじみや同級生は大切な思い出の一部をなしてはいるが、大人になってから出会う人たちのような面白味に欠ける場合もあるだろう。さて、どうしたものか？

何とかすべきなのは間違いない。旧友との付き合いにしがみついていたのでは、新しい友人をつくるだけの時間も熱意も生まれないだろう。デジタルカメラの比喩がここにもあてはまる。記憶容量に空きがなくなってしまうのだ。もっともデジカメとは違い、つづけていく気のない友人関係を積極的に「削除」するのは適切ではない。関係が遠のいていくに任せればよい。一部の人間関係では、こうした変化は自然なものである。熱愛ならいざ知らず、友人関係が破局する理由はめったにないはずだ。たとえ別々の道を歩み、少しずつ関係が遠のいたとしても、信頼は保つことができる。しかも、たいていの元恋人や元夫婦とは異なり、いずれ接点が増えれば、以前のような友情を取り戻せるだろう。

惜しいことに、人間関係の多くは知らず知らずのうちに疎遠になっていく。大切な関係は熱心に保ち、そうでないものは遠のいていくに任せよう。

自分に投資をしよう

明日すること――

●過去6カ月間のカレンダーを見て、誰と一緒にいた時間が長いか、上位5人を割り出そう。あなたは、これら5人が自分におよぼす影響を快く受け止めているだろうか？

来週すること――

●たがいに面識のない知人ふたりを引き合わせよう。この紹介が両方にとって有益なものになるよう気を配ろう（紹介メールを書く助けが必要なら、startupofyou.com を訪問してほしい）。次に、自分が直面する課題を思い出し、旧知の誰かに、力になってくれそうな人物の紹介を依頼しよう。手始めとしてさっそく、面会を望む相手へのささやかな贈り物（相手にとって有益そうな記事など）を用意しよう。

●仮にあなたが今日、勤め先から解雇されたとしよう。10人にメールを送って次にどうすべきかを相談するとしたら、その10人は誰だろう？　具体的な相談事のないいまのうちに、その10人に連絡をとっておこう。

来月すること――

●自分の人脈のなかから、いまのところはゆるやかなつながりしかないが、仲間としての関係を深めたいと思う人物をひとり選ぼう。その人にささやかな贈り物をして、相手の力になれるよう努めよう。具体例は、相手の関心に合いそうな記事を送る、プレゼンの準備を手伝う、求人情報を転送するなど、いろいろある。関係を築くために、何カ月かのあいだ多大な時間と熱意を傾けよう。

●「愉快な仲間基金」を設けて、給料の一定割合を自動的に割り振ろう。知り合いを増やしたり、旧交を温めたりするために、この基金を取り崩して喫茶、食事、飛行機チケットなどの代金に充てるのだ。

人脈を活かそう

大切なのは直接の知人だけではない。彼らの知り合い、つまりあなたにとっての2次、3次のつながり《コンタクト》も大切なのである。友人たちにおのおの友人を誘って集まってもらえるように、イベントを企画しよう。間接的な人脈に属する人たちを招くのだ。

人脈を広げたり、保ったりするための高度なヒントを www.startupofyou.com で紹介してある。

第 5 章

飛躍への戦略

成功はチャンスから生まれる。チャンスとは、アメフトでいうクオーターバックへのスナップ、つまりプレー開始の動作のようなものだ。若手の弁護士にとってのチャンスとは、所属する法律事務所でピカイチのやり手共同経営者《パートナー》のもとで仕事をする機会を与えられることかもしれない。芸術家なら、名門美術館で作品を展示する機会が（おそらく誰かのキャンセルか何かによって）土壇場になって舞い込めば、それがチャンスかもしれない。学生なら、狭き門の奨学金審査にとおり、調査旅費を支給されればチャンスだろう。

もし、店を訪れて塵《ちり》まみれの容器をくまなく探し、チャンスを拾い上げてレジで支払いをすませればよいのなら、世の中での権力者の序列はいまとは大きく違ってくるはずだ。もちろん、現実にはそうはことが運ばない。知り合いの助けを借りながら、自分で仕事上のチャンスを見つけてものにしなくてはならないのである。しかも、昔ながらの「チャンス」がどれも役に立つわけではない。起業家はどんなチャンスにでも飛びつくわけではない。彼らは、本書でこれまでに述べてきたような発想や技能を活かして、絶好の事業チャンスを発掘する。それと同じように、あなたも大きな仕事を成し遂げたいなら、絶好のチャンスを見つけて活かすことに力を注ぐ必要がある。あなたの競争上の強みを伸ばし、プランAやプランBを前に進めるのに役立つようなチャンスを。

スタートアップの場合、事業がじわじわとゆっくり成長する例は稀《まれ》である。むしろたいていは、何かの新機軸《ブレークスルー》、契約、発明・発見といった飛び抜けて重大な結果をもたらすチャンスによって、弾丸スタートばりの勢いで事業が始まり、成長が加速していく。グルーポンを考えてほしい。グルーポンは最初の1年くらい、社会活動や市民活動を一致団結して支援しようという人々を集める、「ザ・ポイント」という無名のサイトを細々と運営していた。サイト所有者のアンドリュー・メイソンは、利用者が最も結束するのは、自分たちの「買う力」を高めようとするときだと気づいた。そしてこれを、別の隙間《ニッチ》分野に参入するチャンスととらえた。こうしてメイソンは新しいプランに乗り換え、消費者にグループ割引を提供するサイトをものの数週間でつくりあげた。彼の素早い行動と優れた実行力のおかげで会社は成長街道をひた走るようになり、やがてザ・ポイントからグルーポンへと名称を変更した。そしていまや数十億ドル規模の株式公開企業である。もっとも、目の覚めるような快進撃を永久につづける企業などない。少なくとも、新機軸につながるチャンスを絶え間なく見つけないかぎりは、永遠の快進撃など不可能というものだ。グルーポンの前にも競争相手が立ちはだかり、成長が脅かされているため、メイソンらは新たなチャンスを探している。有望なのは、携帯電話やスマートフォン

成長の軌跡

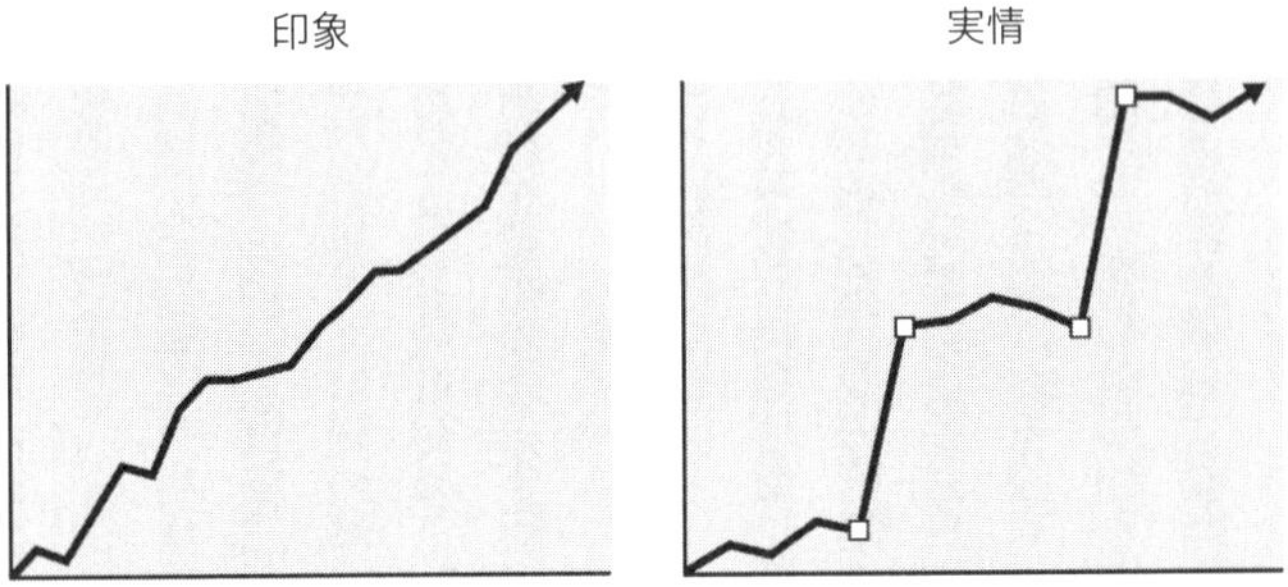

の現在位置情報をもとに、移動の多い消費者に割引の機会を提供するサービスだろう。この新サービスは「グルーポンなう」といい、レストランなど鮮度を命とする材料や商品を抱えた小売店に、客足の鈍る時間帯に来店者を呼び込む余地をもたらす。これが成功すれば、グルーポンはまたも急成長軌道に乗るだろう。別の言い方をすれば、グルーポンの成長は、右側の「実情」のグラフに近い軌跡を描くのだ。

　スタートアップの事業と同じくわたしたちの仕事人生にも、飛躍の好機が訪れることがある。履歴書、あるいはリンクトインのプロフィールにはふつう、職歴を新しい順に、すべて同じ種類の同じフォントで並べる。これをさっと眺めただけでは誤解しやすい。わたしたちの仕事人生では、どの職歴も同じ重みを持つわけではないのだ。必ず大きな転機につながるプロジェクト、出会い、経験、そして思いがけない幸運があり、それによって異例のスピードで仕事人として成長できる。

俳優ジョージ・クルーニーの有名な逸話を考えたい。１９８２年、ケンタッキー出身の若きクルーニーは、数々の先輩たちと同じように映画スターを夢見てハリウッドの地に立った。容貌、生まれつきの才能、高い職業意識、親戚のコネといった有利な条件に恵まれていた。にもかかわらず、12年間もオーディションを受けつづけても、B級テレビ番組から時々声がかかるだけだった。映画の世界とはまったく縁がなかった。ところが94年に状況が一変した。チャンスを嗅ぎ取ったクルーニーはすかさずそれをつかみ、一躍スターダムへとのし上がったのだ。

当時ワーナーブラザーズが、医療現場を生々しく描いたテンポの速い硬派ドラマ『ER緊急救命室』を製作していた。クルーニーの伝記著者であるキンバリー・ポッツはこう書いている。「台本があまりに手に汗握る斬新なものだったので、放送の暁《あかつき》には、まったく鳴かず飛ばずかメガヒットか、どちらかに違いないと思った」。クルーニーは友人から台本を見せられると、「これは自分にとって飛躍への転機になるかもしれない」と直感した。そこで番組のプロデューサーから声がかかるのを待つのではなく、自分から製作責任者に電話をかけて「主任医師役を何としてもやらせていただきたい」と告げた。クルーニーはオーディションに招かれた。ほどなく朗報が入り、彼はその電話を切ると、「大役をつかんだ」と友人に知らせた。事実、「彼の仕事、人生、そしてまわりの人々の生活は一変しようとしていた」のである（原注1）。

番組はすさまじい人気を博した。この成功を足がかりに彼はテレビの仕事を離れ、映画スターになるという夢へ向けて突き進んだ。月並みな作品に何本か出演したあと、『アウト・オブ・サイト』の主役の座を射止め、さらには3部作の第1弾である大作『オーシャンズ11』でも主役を張った。それからハリウッドの大物俳優の仲間入りを果たすまでには、『ER 緊急治療室』に大抜擢されるまでの下積み期間の何分の1かの時間しか要しなかった。

ではクルーニーはなぜ、『ER 緊急治療室』が飛躍へのチャンスになると見抜くことができたのか？ いや、彼とて確信があったわけではない。決して確信などできない。千載一遇のチャンスは、きれいにラッピングされて「掘り出しもの」などとラベルが貼ってあるわけではない。求人情報に大々的に載ることもまずない。しかし、『ER 緊急治療室』にはいくつか明快な特徴があり、クルーニーはそこに目をつけた。ひとつには、番組の関係者に一流どころが揃っていた。この点は常に重要である。もうひとつは、クルーニーはそれまで主要局のドラマで主役を務めた経験がなく、これは大きな挑戦になると思われた。難関に挑むと、わたしたちは仕事のうえで新たな局面にさしかかり、たいていは大きな実りが得られる。

クルーニーの飛躍への転機については、ともすれば「ただの幸運だろう」と軽く受け流したくなる。よい時期によい場所に居合わせただけなのでは？ たしかに彼は運にも恵まれた。**ただし、行動や発想の面で特定の習慣を身につければ、よい時期によい場所に居合わせる可能性**

を高められる。つまり、どんな仕事のチャンスがどこにあるのかがわからなくても、チャンスの質と量を意識的に増大させることはできるのだ。

好奇心を発揮して何かに熱狂しよう

チャンスを探そうと立ち上がるには、まるで電気のスイッチが入るように、ある気質をがぜん発揮しなくてはならない。その気質とは好奇心である。起業家は好奇心のかたまりである。彼らは、ほかの人が「困った」「これは問題だ」と思うようなところにチャンスを見出す。ふつうの人が不平や不満を述べるのに対して、起業家は「どうしてだろう？」と疑問を抱くのである。この厄介な製品（サービス）はなぜ本来の役目を十分に果たさないのだ？　もっとよい方法はないものだろうか？　これを商売にできないだろうか？　アンドリュー・メイソンもこのようにして、グルーポンの前身ザ・ポイントの着想を得た。携帯電話を解約しようとしたが、あまりにも手間がかかったため、「不満を抱える大勢の契約者の力を結集して圧力をかければ、携帯事業者のサービス効率が上がるのではないか」と考えたのだ。起業家精神はイライラをきっかけにした好奇心から生まれる、とさえ言えるかもしれない！　イライラと好奇心が交錯したとき、事業チャンスへの嗅覚が冴えわたるのだ。あなたも、イライラの有無は別として、産業界、人、働き口について好奇心を持てば、仕事のチャンスへの嗅覚が発達するだろう。好奇心は学んで身につくようなものではない。しかし、好奇心に燃えた人々と一緒にいれば自分も感化されるだろう。そして、いったん好奇心が旺盛になると、幸いにもその傾向はいつまでもつづきやすい。

目を見開いて好奇心をみなぎらせていると、チャンスとの出会いを劇的に増やすような行動がとれる。人脈を活かしたり、選り抜きのチャンスを引き寄せたり、逆境のなかにチャンスを見出したりできるのだ。この第5章では、これらを一つひとつ取り上げ、あなたの仕事人生にどう役立つかを掘り下げていく。ただし、すぐに結果が出るとは思わないでほしい。アンドリュー・メイソンは、ある朝目覚めたときにグルーポンの着想をひらめいたわけではない。日ごろの行動や考えがやがて実を結んだのである。ジョージ・クルーニーも、ハリウッドに着いた翌日に『ER 緊急治療室』の主役の座を手にしたのではなく、それまで12年ものあいだひたすら努力をつづけていた。チャンスをつくり育てたり、見つけたりするには、ふだんから努力を怠らない姿勢が求められる。

だから、たとえはっきりしたチャンスをすぐに探すような理由がなく、いまの職場に満足して意欲満々で仕事をしていたとしても、仕事上のチャンスをつくりつづけるのはやはり重要である。ひとつには、これによってチャンスへの嗅覚を磨くことができる。努力を重ねるにつれて、どこで、どのように、なぜチャンスが転がり込んでくるか、直感が鋭くなっていくのだ。

もうひとつの理由として、いつなんどきプランBに方向転換して新しいチャンスを探す必要に迫られるかわからない。リンクトインは、あなたのプロフィール情報、住所、同じような人々の属性をもとに、自動的にお勧めの求人情報を探し出し、「求職中」と表明していない人のページにも表示する。この機能を設けたきっかけは、「意識しているかどうかは別として、誰でもチャンスを追い求めているものだ」というある採用担当者の言葉だった。

仕事のチャンスをどう見つけ、育てるか

偶然の幸運や素晴らしいめぐり合いを引き寄せる

第3章で述べたように、勝ち組のスタートアップや卓越した仕事人生の軌跡は、きれいな直線を描くことはまずない。「起業家やプロフェッショナルはひとつだけプランを立て、脇目もふらずひたすら努力してそのプランを実現する」というよくある先入観とは裏腹に、現実には、成功する起業家やプロフェッショナルはたいてい、順応や試行錯誤を繰り返す。あらかじめ目的地を決めてそこにたどり着くのではなく、終わりのない旅をつづけるのだ。このような状況だから、後から振り返れば、おおもとのプランがあって、そこから大きな飛躍につながるチャ

ンスが生まれたように思いがちである。たしかに「自分が一旗揚げるにはナンシーの存在が欠かせないと確信していたから、パーティーで彼女とバッタリ会えるように手はずを整えて……」などという場合もなくはないだろう。だが、意図せずに人やアイデアと出会うことのほうが多い。大切なのは、貴重な何かと出会う可能性をいかに高めるかである。素敵なめぐり合わせを引き寄せ、チャンスが訪れたときにそれを見逃さないようにするのだ。

ジョン・ダゴスティーノにとっては、2002年9月に訪れた偶然の出会いがすべての発端だった。その日彼は、ニューヨーク市のウォルドルフ＝アストリア・ホテルにいた。NIAFというイタリア系アメリカ人を支援する団体が主催する、NYMEX（ニューヨーク・マーカンタイル取引所）のヴィンセント・ヴィオラ会長を称える会に参加したのだ。NYMEXは原油などの商品・エネルギーの先物を扱う取引所である。取引額が数十億ドルにものぼる、（電子取引所を除くと）世界最大の先物取引所であり、そこに君臨するヴィオラは文字どおり大物だった。当時20代のダゴスティーノは、NIAFからの奨学金を得てビジネススクールに通っており、感謝の気持ちを表すためにその場にいた。短い言葉で謝意を述べたところ、それがヴィオラの関心をひいた。あとからダゴスティーノのもとにヴィオラがやってきて名刺を差し出し、「スケジュールが合えば会いましょう」と言葉をかけた。野心家のダゴスティーノはまるで、ロックスターに憧れる若者がバンドU2のリードボーカル、ボノから無料レッスンを受けるかのように、夢心地だった。このチャンスは決して逃すわけにはいかない――そう思った。そして細心の注意を払ってヴィオラの秘書に連絡を入れ、10回ほど電話をかけたあとようやく夕食の約束を取りつけた。ダコスティーノは特別プロジェクトのマネジャーとしてNYMEXに就職し、ドバイ開発投資庁との合弁による原油先物市場開設の下地づくりをしたあと、やがて戦略担当副社長に抜擢された（彼を主人公にした本には「石油の世界を変えた名門大学出身者の真実：ウォール街からドバイへ」という副題がついている）。偶然の出会いがもたらしたにしては、なかなかの出世である。

「セレンディピティ」という、偶然の幸運を表す素敵な言葉がある。イギリスの作家ホレス・ウォルポールが、『セレンディップの3人の王子』というペルシャに古くから伝わる童話で知った現象を、この造語で表現したのだ。この童話では、国王が3人の王子をはるかかなたの国へと旅に出す。王子たちはたびたびピンチに遭い、あるときなどは盗賊と間違えられる。それでも3人は、「ラクダを盗んだ」という濡れ衣を晴らすなど、見事としかいいようのない判断やひらめきによって窮地を脱する。そしてこれを見込まれて、父王をはじめとする支配者たちから取り立てられ、国王や支配者の地位を継ぐ。ウォルポールは友人への手紙のなかで、セレンディップの王子たちが偶然にも幸運を手にした様子を「セレンディピタス」と表現した。3人の王子はたしかに幸運に恵まれたが、同時に、そつなく賢く立ち回って予期せぬ逆境をチャンスに変えた。宝くじに当たるかどうかは運だけで決まる。片やセレンディピティとは、チャンスが来ないか日ごろから注意を払い、「ここぞ」というときにはしっかりチャンスをものにすることを指す。

もっとも、たとえ好奇心が旺盛で抜け目なく注意を払っていても、棚からボタ餅でチャンスが降ってくるわけではない。セレンディピティでチャンスを手にする場合はほぼ確実に、誰かが何かの行動をとっている。ダゴスティーノはイベントに出席して人々と知り合う機会をつくり、大物からの誘いに応じた。ジョージ・クルーニーは主役の座をかけてオーディションに参加した。グルーポンの創業者アンドリュー・メイソンは自社サイトの改善に努めていた。前述のペルシャ童話に登場するセレンディップの王子たちについて、神経学者のジェームズ・オースティンは著書『追跡、チャンス、創造性（未訳／Chase, Chance, and Creativity）』で、「スリランカの王宮内で快適なソファにすわり、贅沢をしながら人生を無駄にすごしていたのではない」と書いている（原注2）。「セレンディピティ」という言葉が生まれるきっかけになった童話が、探検や旅行の物語であるのには、それなりの理由がある。ただのうのうと寝そべっていたのでは、幸運に恵まれるはずがない。仕事の前途が大きく開けるようなチャンスにぶつかる余地などないのだ。もし何か事を起こせば、一見したところ無関係なアイデア、人、場所が交錯し、新たな組み合わせやチャンスが生まれる（原注3）。わたしたちはあちらこちらを動き回り、興味深いチャンスが訪れたらそれをとらえられるようにしている。できるだけ大きなクモの巣状の網を、できるだけ高いところまで張りめぐらせるのだ。

「動き回るべきだ」と言うのは簡単だが、具体的にはどこへ行けばよいのだろう？ この章の末尾に具体的な活動項目を挙げるが、予期しないチャンスを引き寄せるのは、決して難しいことではない。次回ほかの都市へ旅行する際に、旅程を1日増やして友人の友人に会ってはどうだろう。あるいは、知り合いがひとりもいないディナーパーティーに参加したり、ふだんは手に取らない雑誌を読んだりしてはどうか。

文字どおりどこへでも行くのは、どう考えても賢明とはいえない。たとえば紛争地帯のダルフールを徒歩で旅するのは、むやみに危険を招くだけだろう。他方、思いも寄らない幸運にぶつかるのが狙いなら、一定の方向にこだわりすぎるのもよくない。わたしたちはほとんどの場合、いつ、どこで、どのようにしてチャンスに出会うかわからない。どのカンファレンスで母親の知人と思いがけず顔を合わせ、「今年の夏はうちの病院で人材を募集していますよ」と聞かされるかわからない。ハリウッドのどの映画プロデューサーが、あなたからの何回目かの留守電メッセージに応じて、「脚本のコピーを送ってください」と電話をくれるかもわからない。有名記者があなたのツイッター・アカウントをフォローし、コメントを求めて電話をくれるかもしれない。先行きを確実に見通すのは不可能というものである。だから、柔軟な発想をしながら、気の利いた心がけをしよう。カンファレンスに参加して、その場にいる人と行き当たりばったりで言葉を交わしてもよいが、もっと優れたやり方がある。カンファレンスに参加したら、興味ある人物の姿を探し、その人が話しかけている相手に接近しよう。戦略的に立ち回りながら、偶然のチャンスを引き寄せるのだ。

いつもどおり、自分らしさを何よりも大切にしよう。有益そうな行動をとろう。あなたの競争上の強みと3つのパズル片（第2章を参照）が活きる行動を。パーティーに顔を出すのは、知り合いを増やすための言わずもがなの方法だが、もしパーティーが苦手なら避けてもかまわない。

起業家のボー・ピーボディが述べているように、「幸運にめぐり合う最善の方法は、さまざまな出来事を起こすこと」である（原注4）。さまざまな出来事を起こせば、長い目で見たら、自分のセレンディピティ、ひいてはチャンスをお膳立てできるだろう。

グループや団体に加入しよう

チャンスは雲のように浮かんでいるのではない。人にしっかりくっついているのだ。チャンスを探すのは、実際には人を探すことである。チャンスを品定めするとは、実際には人を品定めすることである。チャンスを追いかけるために持てるものを集めるとは、実際にはほかの人・人々の後押しや関わりを求めることである。あなたに働き口を提供するのは、企業ではなく人・なのである。

前の章では、プロフェッショナル仲間との人脈と、もっとゆるやかなつながり、両方の築き方を説明した。ここでは、人々のあいだをどうチャンスが流れていくかを探りたい。素晴らしいアイデアや情報を持つ人物どうしは一緒にいる傾向が強い。最も魅力的なチャンスをつくり出す集団の力を借りれば、ほかの人より有利な立場になる。何世紀も前から、人々はこうして有利な立場を手に入れてきた。

２００年以上前に時をさかのぼってみよう。１７６５年、牧師でアマチュア科学者でもあった若きジョセフ・プリーストリーは、イギリスの片田舎にある急ごしらえの実験室で実験をしていた。きわめて聡明だったが同僚からは孤立していた。ところが12月のある日、ロンドンを訪れて「熱心なホイッグ党員の会」に出席したところ、転機が訪れた。この会はベンジャミン・フランクリンの考案によるもので、いまで言う人脈づくりの会の18世紀版のようなものだった。フランクリンはアメリカの植民地の利益増進を図るためにイギリスに滞在し、隔週の木曜日にロンドン・コーヒーハウスという店で、壮大な考えを持つ友人たちと集まりを持っていた。その日の参加者たちは、店の雰囲気も手伝ってか、科学、技術、政治など、さまざまなテーマについて思いのままに意見を交わした。プリーストリーがこの集まりに参加したのは、

「電気の理解をめぐる科学者の進歩」というテーマの書籍企画への意見をもらいたかったからだ。蓋を開けてみると、意見だけでなくさまざまな収穫があった。フランクリンとその友人たちは、プリーストリーに力添えをするために一致団結して、「科学分野の蔵書を提供しましょう」「草稿に目をとおしましょう」と申し出たほか、友情や励ましを示した。これが肝心な点だが、プリーストリーはいつでも相手へのお返しを忘れなかった。自分のアイデアや発見を協力者たちに紹介し、それによって相手との絆を強め、アイデアを磨き、新たな知人たちからチャンスの探求を助けてもらえる可能性を高めた。要するに、コーヒーショップでの集まりに参加した夜は、プリーストリーにとって仕事上の大きな転機になったのだ（ジョージ・クルーニーが『ＥＲ 緊急救命室』で主役の座を射止めたときとよく似ている）。スティーブン・ジョンソン著の『酸素の発見（未訳／The Invention of Air）』によると、プリーストリーは他人との交流がほとんどない状態を解消して、「コーヒーハウスという場で花開いた既存の人間関係や協力関係とつながったのだ」という（原注5）。以後、彼は科学や著述の分野で輝かしい成果をあげ、酸素の発見というとりわけ有名な功績も残した。ロンドン・コーヒーハウスは「イギリス社会のイノベーション拠点」となった（原注6）。

ベンジャミン・フランクリンが友人たちを集めて定期的に話し合いの場を持つのは、これが初めてではなかった。フィラデルフィアに住んでいた40年前には、12人の「ひときわ才気あふれる友人たち」（自伝での表現）を説得して、互いの向上を目指すクラブを結成していた。若者たちは毎週1回晩に集まっては、本、アイデア、知人などを紹介し合った。哲学、道徳、経済、政治などの議論をとおしておのおのの自己啓発をうながした。「秘密結社」と名づけられたこのクラブは、ブレインストーミングや、世論を先導するための密議の場となった。ここからは初の公立図書館、自治消防団、公立病院の第1号、警察、舗装道路などのアイデアが生まれた。彼らはまた、力を合わせてチャンスを活かした。たとえば、「古典と実用的な知識を融合した、一般教養分野の高等教育が必要だ」という考えが生まれたため、フランクリンはウィリアム・コールマンほか数人のメンバーと協力して、ペンシルベニア大学の前身を設立した。アメリカ初の総合大学が誕生したのである。

ベンジャミン・フランクリンは後世の人々からえてして、独学で尽きることのない創造性を発揮した猛烈タイプ、つまり起業家の鑑《かがみ》のような存在と受け止められている。フランクリンはたしかに高い資質を備えていたが、しかし、わたしやベン・カスノーカから見ると、むしろ他者の才能を開花させたことこそが、彼の最も起業家らしい美点である。聡明な人々を大勢集めてくつろいだ雰囲気のなかで話し合いを持てば、素晴らしいイノベーションの機会がもたらされるだろうと考えたのだ。彼が生み出した潮流《トレンド》について、フランスの思想家アレクシス・ド・トクヴィルは、建国まもないアメリカの姿を描いた1835年刊行の古典『アメリカの民主主義』にこう記している。「アメリカの何より際立った特徴は、人々が興味、目標、理念を軸にして結束する傾向が強いことである」

１９００年代初めには人脈ブームが起きていた。当代きっての起業家Ｊ・Ｐ・モルガンは、死去した時点で24ほどの団体に所属していた。ポール・ハリスというシカゴの弁護士は、モルガンほど有名ではないにせよ、同等ともいえる影響を世の中におよぼした。弁護士事務所の顧客を増やして孤独をやわらげる目的から、地元の実業家を集めて、互いの仕事を助けたり、交流を楽しんだりする会を設けた。この会は、メンバーが輪番《ローテーション》を組んで自宅を会合場所として提供していたのにちなみ、「ロータリークラブ」と名づけられた。メンバー数が増えると、堅苦しさを避けるために「ファーストネームで呼び合う」というきまりを設け、これを破ったら罰金を科した。苗字、肩書、敬称はすべて禁止した（原注7）。今日では世界中に合計３万ものロータリークラブがあり、１２０万人を超えるきわめて熱心な会員が活動している。

20世紀の最後の25年間、非公式の集まりは依然として急増をつづけ、アメリカ国内のイノベーション拠点では特にその傾向が目立った。１９７５年、サンフランシスコ湾岸地域《ベイエリア》のマイコン愛好者がホームブリュー・コンピュータ・クラブ（「ホームブリュー」は自家製を意味する）を創設し、テクノロジー好きの人々に「趣味の集まりに参加して、情報やアイデアの交換やプロジェクトの助け合いなどをしよう」と呼びかけた（原注8）。５００人のオタクな若者たちが参加し、そのうち20人がコンピュータ会社を興した。アップルの共同創業者スティーブ・ウォズニアックもそのひとりである。シリコンバレーではホームブリューの影響もあって、非公式の人脈を介してチャンスや情報を広める独特のならわしが生まれた（これについては第7章で詳しく取り上げる）。

　非公式の小さな人脈は現在でも、アイデアを広めるうえで比類《ひるい》ない効率を発揮している。だからこそいまなお地元のＰＴＡや同窓会などの集まりがあるのだ。読書会、ハチを飼う人たちの会、カンファレンスや業界会合。**チャンスとの出会いを増やしたいなら、できるだけ多くのグループや団体に属するのが得策である。**どうしたらいいかわからない人は、ミートアップのサイトwww.meetup.comを参照するとよい。ミートアップは4万５０００もの都市の9万の興味深いグループを対象に、共通の趣味や関心を持つ人々を集める手助けをしている。ミートアップのスコット・ハイファマンＣＥＯは、「ＤＩＹ（Do It Yourself: 自分でやろう）からＤＩＯ（Do It Ourselves: 自分たちでやろう）への変化が起きています。仲間の力を借りて何かをしようとする人が増えているのです」と述べている。これも一種の人脈力である。わたしもベン・カスノーカも、数え切れないほどのカンファレンスやミートアップに参加している。それどころか、わたしたちふたりが最初に会ったのも、１００人が年に一度集まって、科学、政治、実践哲学など、さまざまなテーマについて話し合う、異例の会合だった。講演も討論会もなく、ユタ州サンダンスのくつろいだ環境でただブレインストーミングをしたり、交流を深めたりするだけである。

このような集まりを最大限に活かすには、時として工夫が求められる。これについてはクリス・サッカが詳しい。サッカはいまでこそテクノロジー系スタートアップへの投資を行っているが、投資をはじめたり、グーグルに勤務したりする前は、学生ローンの返済に窮する失業中の弁護士だった。彼は、得意のスペイン語を活かして厨房で働くラテンアメリカ系の人々をおだてて、交流会やテクノロジー業界のイベントに裏口からチャッカリ紛れ込むようになった。初対面の相手に肩書のない名刺を出したのでは誰の注意も引かないとわかると、知恵を働かせて、イベントに参加したときに一目置いてもらう方法を見つけた。自分でコンサルティング会社をつくったのだ。名刺を一新し、ウェブサイト制作を外注し、友人に頼んでロゴをつくってもらった。以前と同じ集まりに今度は「サリンジャー・グループ社長クリス・サッカ」という名刺を持って参加した。すると前回とは打って変わって、会う人がみな彼に興味を持ってしきりに話しかけてくるようになった。こうした人脈づくりが功を奏して、やがてサッカはウェブ・インフラ企業の幹部に登用され、仕事人生が軌道に乗った。

グループや団体には必ずしも新顔として入らなくてもよい。あなたは実はすでにいくつもの人脈に属しているはずだ。ちょっと工夫しさえすればそれでよい。同窓会を考えてみよう。高校や大学の同窓会はチャンスの宝庫だが、同時に、あなたはこれまでに勤務した企業や組織の〝卒業生〟でもある。

わたしはシリコンバレーの素晴らしい企業の卒業生グループに属していて、その恩恵によって何度も飛躍のチャンスにめぐり合ってきた。かつてわたしはペイパルで働いていた。イーベイによる買収を受けて、当時の仲間たちはそれぞれ新しい道へと進んでいったが、その後も連絡を取り合い、互いの会社に出資し、雇い雇われ、オフィススペースを共有するなど、つながりを保った。会費も、裏取引も、月次会合も何もなく、ただ形式にとらわれずに協力するだけだ。にもかかわらず、この人脈からはシリコンバレーでも指折りの成功プロジェクトが生まれている。「ペイパル・マフィア」と異名をとるゆえんである。

なぜこの人脈からは、他に類のないほど多くのチャンスが生まれているのだろうか？

ひとつには、一人ひとりが高い資質を備えている。これこそが肝心な点である。グループのよしあしはメンバーしだいで決まる。ネットワークのよしあしはそれをつなぐ結節点《ノード》しだいで決まる。グループを値踏みするには、各メンバーを値踏みすればよい。

ふたつめとして、全員がいくつかの共通点で結ばれている。同じような興味関心や価値観をもとにペイパルに集まり、そこでともに働いた経験を持つ。同じ経験をとおして信頼が築かれ、信頼関係があるから情報やチャンスを共有するようになる。数多くのチャンスに恵まれる人脈

ペイパル時代の役職

①上級副社長　リード・ホフマン
②共同創業者兼CEO(最高経営責任者)
　ピーター・シール
③事業開発担当上級副社長　キース・ラボイ
④エンジニア　スティーブ・チェン
⑤エンジニア　ジョード・カリム
⑥デザイナー　チャド・ハーリー
⑦ COO　デービッド・サックス
⑧マーケティング担当ディレクター
　デイブ・マクルーア
⑨ CFO（最高財務責任者）　ルロフ・ボーザ
⑩エンジニアリング担当副社長
　ジェレミー・ストップルマン
⑪エンジニア　ラッセル・シモンズ
⑫製品マネジャー　プレマル・シャー
⑬共同創業者兼取締役　イーロン・マスク
⑭共同創業者兼 CTO（最高技術責任者）
　マックス・レヴチン

にはすべて、共通の特徴がある。カンファレンスの出席者は全員がそのテーマに関心を寄せている。教会の信徒はみな同じ信仰で結ばれている。フランクリンが設けた「秘密結社」のメンバーは、例外なく好奇心が旺盛だった。

3つめとして、全員が地理的に近いところに集まっている。協力関係が最も生まれやすいのは、全員のあいだで情報やアイデアが速やかに行き来する場合である。物理的に同じ場所にいるなら理想的だ。だからこそ、ベンジャミン・フランクリンは少数の友人たちをフィラデルフィアの一室やロンドンのコーヒーハウスに集めたし、ロータリークラブはメンバー数を当初12人までとしていたのである。わたしとベン・カスノーカが知り合ったカンファレンスも、小さな町の隠れ家的なリゾートで開催された。

4つめに、強い分かち合いや助け合いの精神がある。価値ある人脈であるためには、全員がそこでの仲間たちと情報やアイデアを喜んで共有することが求められる。カリフォルニア大学バークレー校で情報学の教鞭をとるアナリー・サクセニアンは、1980年代にカリフォルニアの半導体メーカーがボストンの同業他社をしのいだ理由について本を書いた。そこには、西海岸の起業家たちは「全体の発展を目指そう」という精神のもと、自分たちの発見をライバル企業をも含む他者と分かち合おうとする気風を強く持っていた、と記されている。ペイパル出身者のあいだにも同じような気風がある。たとえ利害の衝突があったとしても（メンバーの経営するベンチャー・キャピタルどうしが同じ案件をめぐって競合する場合もある)、互いに連絡を取り、協力を惜しまない。

わたしがこれまでの仕事人生で出会ったチャンスのなかでもひときわ大きかったのは、2003年のリンクトイン創業である。ペイパルがイーベイに買収されたわずか5カ月後には、とあるオフィスにフルタイムの働き手6人が集まっていた。リンクトインの事業をあれほど短い期間に軌道に乗せることができたのは、友人たちとの人脈があり、彼らが共同創業者、立ち上げ時の従業員、出資者になってくれたからだ。わたしはソーシャルネット時代の同僚ふたり、大学の同級生ひとり、富士通時代の同僚ひとりに共同創業者になってほしいと頼んだ。ペイパル時代の仲間(「ペイパル・マフィア」)のピーター・シールとキース・ラボイを含む数人が出資者になってくれた。ペイパル時代のある同僚などは、リンクトイン創業当初のオフィスまで提供してくれた。「RELATIONSHIPS MATTER(人間関係は大切)」をスローガンとする会社にふさわしい滑り出しである。

ここでペイパル・マフィアの特徴をまとめておこう。優れた人材、全員をつなぐ共通点、分かち合いと助け合いの精神、同一の地域と業界である。これらの特徴があるから、次々とチャンスが生まれるのだ。以上のような特徴が揃えば、どの人脈や団体も価値あるものになるはずである。

なお、集団の一員になるよりもよい方法がひとつだけある。自分で集団をつくることである。あなた自身の手でペイパル・マフィアと同じ特徴を持ったマフィア、つまり、グループ、ミートアップ、団体などを立ち上げるのだ。わたしはベンジャミン・フランクリンにならって年に1回、「名称未定の週末」という催しを開いている。高い志を持った友人たちに声をかけて、世の中を変える方法についてブレインストーミングをするのである。ベン・カスノーカは2006年から、これまたフランクリンにならった秘密結社を知人と共同で運営している。主にテクノロジー業界で仕事をする20人ほどが定期的にランチミーティングを行い、事業談義に花を咲かせる。フランクリンの秘密結社と同じように、目的ははっきりしているが堅苦しさとは無縁である。くつろいだ雰囲気のなか、頭を働かせて誠実にリスクをとる姿勢が培われ、やがてはより優れた、より興味深いアイデアが生まれる。集まりは定例で開く必要すらない。以前の勤務先での同僚を10人ほど誘い、土曜日にブランチを一緒にとれば、よいことづくめである。ぜひ覚えておいてほしいのは、自分がグループをつくって世話役を務めると、バスケットの試合を最前列で観戦するのと同じように、一部始終を見ることができるという点だ。

「チャンスは人脈の豊かな人のもとに訪れる」という（プリーストリーの伝記を著したスティーブン・ジョンソンの言葉）。ベンジャミン・フランクリン、ジョセフ・プリーストリー、J・P・モルガンなどと同じように、できるかぎり多くの人脈を築こう。そうすればあなたも、大きな飛躍へのチャンスを見つけたり、つかんだりしやすくなるだろう。偉大なる仕事人生への扉を開くチャンスを。

奮起しよう

あなたがいま仕事人生のどの段階にいるにせよ、これから先、「困った、もうどうにもならない」と感じる瞬間があるだろう。八方ふさがりだ。資金または仲間、あるいはこの両方が足りない。誰からもイベントや集まりに誘われない……。こうした状況では、この章で紹介するなかでも最も起業家らしいチャンス獲得法が求められる。それは「奮起《ハッスル》」である（悪徳勝負師《ハスラー》はまずいが、ハッスルはよい）。この本で紹介した知り合いの多くは、仕事のチャンスを得るために奮起せざるをえなかった。たとえば、第4章で紹介した料理家のメアリー・スー・ミリケンは、シカゴの高級レストラン、ル・ペロケに勤めたい一心から、3、4日おきに店のオーナーに手紙を出しつづけ、数週間後に時給3・25ドルで雇われた。きまりでは「午前8時始業」なのに、毎朝5時半には店に出ていた（原注9）。こうした張り切りこそが「奮起」であり、これができれば競争上の強みになる。起業家は絶えず何らかの制約のもとで仕事をしているから、いわば奮起の達人であり、最高のお手本である。

機転を利かせよう：寝るためのベッドがなければ自分でつくってしまえ

あれは２００８年1月。ＡｉｒＢｎＢ《エアー・ビーアンドビー》の共同創業者ジョー・ゲビア、ブライアン・チェスキー、ネイサン・ブレチャージクは困り果てていた。無一文だったのだ。彼らがＡｉｒＢｎＢを創業したのは、「エアマットレス、普段は使わないソファ、ベッドなどさえあれば誰でも、一時的にそのスペースを貸して謝礼をもらえるだろう」という発想からである。これは悪くないアイデアだった。一例として、２００８年にコロラド州デンバーで開催された民主党大会では、バラク・オバマがＮＦＬスタジアムを埋め尽くした聴衆を前に熱弁をふるったが、スタジアムの収容数８万人に対して、市内のホテルの合計室数は2万７０００しかなく、たちどころに満室になってしまった。多数の民主党支持者が何とか泊まる場所を確保しようとしていた。デンバー市民はＡｉｒＢｎＢのサイトを介して、ホテルからあぶれた人々に自宅のソファやベッドを提供した。ＡｉｒＢｎＢは、たまに大きなイベントやカンファレンスがあると利用が急増したものの、普段は閑散としていて利益はさっぱりだった。創業者たちは、収入と支出の差額を埋めるために合計4枚のクレジットカードを限度額いっぱいまで使い、貯金を使い果たした。

それでも彼らは自分たちのアイデアを信じていたから、事業を拡大する方法を探り出すために時間稼ぎをしようとした。そこでいかにも起業家らしく奮起して、シリアルを販売した。大統領選挙の熱気に便乗して、ロードアイランド・デザインスクールのつてを頼りにシリアルの箱に独自のデザインをほどこし、民主党の大統領候補にちなんだ「Ｏｂａｍａ Ｏ’ｓ《オバマ・オーズ》：変革をもたらす朝食」「Ｃａｐｎ，ＭｃＣａｉｎｓ《キャプテン・マケインズ》：異端児の味わい」という商品名をつけた。自宅のキッチンで箱を組み立て、なかにシリアルを詰め、ネット上で1箱40ドルで販売した。チェスキーは母親から「今度はシリアル会社を始めたの？」と聞かれたという。いやいや、彼らは方法や金額を問わずただ現金を必要としていただけだ。ＣＮＮテレビが選挙時期ならではの食べ物特集を組んだため、「Ｏｂａｍａ Ｏ’ｓ《オバマ・オーズ》」は瞬く間に売り切れ、2万ドルの純利益をもたらした。

　こうして銀行預金ができたから、「どう利用者を増やして、安定した利益が得られるだけの水準に保つか」と方策を考える時間ができた。創業者たちの機転が多くの投資家に感銘を与え、外部からの資金調達への道が開かれた。グレイロックもわたしの主導のもと「シリーズＡ」と呼ばれる初期投資に参加した。それからというもの何十万人もの旅行者が、ＡｉｒＢｎＢを介して受け入れ者宅のベッドやソファを借り、心地よい眠りを得た。

　機転とは何か、その本質はつかみにくいが、目の当たりにすればたいていの人はそうとわかる。アマゾンのジェフ・ベゾスＣＥＯは結婚相手を探していたころ、キューピットになってくれていた友人たちに「機転の利く女性と結婚したい」と語ったという。だが友人たちがその条件に合う女性を見つけられずにいると、今度は「もし僕が発展途上国で牢獄にブチ込まれたら、救い出す方法をひらめくような女性だ！」と具体的に説明した。こうしてめでたくお相手が見つかった（原注10）。ＡｉｒＢｎＢの創業者たちは、必要に迫られたら、おそらく発展途上国の牢獄から脱出できるだろう。

粘り腰を見せよう：反対が大きければ、大音量で音楽をかけて対抗すればよい

ティム・ウェスターグレンはシリコンバレーで誰よりもしたたかな人物かもしれない。彼は１９９９年、ゲフィン・レコードが「お金を払ってレコードを買ってくれるファンが少ない」という理由で歌手のエイミー・マンを自社レーベルから外したと知り、パンドラというインターネットラジオ局を開局しようと思い立った。もし、とても似ているがもっと人気のある歌手と一緒にオンラインのアーティスト一覧に載せれば、エイミー・マンのファン層が広がるだろうと考えた。そこでミュージック・ゲノム・プロジェクトを立ち上げた。専門家の手で各曲を２００〜４００もの角度から分析し、利用者の好みに合いそうなアーティストや楽曲をお勧めするのだ。たとえばエイミー・マンのヒット・シングル『セイブ・ミー』は、「繊細なストリングス」と「長調と短調の組み合わせ」を特徴とする。このためパンドラ上では、楽器編成の似たサラ・マクラクランの『フォールン』と組み合わせることになった。

パンドラの構想に首を傾げる人は少なくなかった。専門家にそれぞれ何十万曲も聴いてもら

い、1曲ごとに何百もの特徴づけをするのか？　レコード業界と交渉して、著作権で保護された楽曲をネット上でストリーミング配信する？　ITバブル崩壊の爪痕が生々しいというのに、ネットビジネスを始動させる？　冗談はよしてくれよ。そして9年間は、彼らの見通しどおりだった。

ウェスターグレンはITバブルの最中に投資家から資金を調達してパンドラを創業した。しかしバブルが弾けると、ネット音楽業界が波乱含みであるうえ景気も悪かったため、会社の存続に必要な資金を追加で調達するのは不可能となった。彼は2週間おきに50人ほどの従業員を集めて会議を開き、「あと2週間は無給で働いてもらえないか」と頭を下げた。2002年の末、オフィスに着くと入り口に退去通告が貼ってあった。2003年末には、4人の元従業員から給料未払いのかどで裁判を起こされた。出資を求めてのべ300回以上もベンチャー・キャピタリストの前でプレゼンを行った末、2004年3月にようやく、ウォルデン・ベンチャーキャピタルから900万ドルの出資を引き出した。2005年にはそれでも黒字化を達成できないなか、視聴料の徴収をやめて広告料収入に頼るビジネスモデルへの変更に踏み切った。これによって収益が好転した矢先の2007年3月、全米著作権使用料委員会がネットラジオ局の著作権使用料を引き上げたため、パンドラの運営費が1000％も増加した。ウェスターグレンは、「うちの事業は一夜にして破滅の淵に立たされた。撤退を考えたものだ」と語っている（原注11）。しかし、不屈の精神を持った経営陣はほかのネットラジオ局と組み、各レーベルと交渉できるよう使用料引き上げの延期を連邦議会に陳情した。パンドラの利用者も議会にメールや電話で陳情攻勢をかけた。推定で合計およそ100万ものメールと電話が議会関係者のもとに押し寄せたという。パンドラは長らくシリコンバレーのスタートアップの「破産予備軍」だった。しかし2009年、アーティストとレコード会社が、パンドラなどのネット放送局とのあいだで記念すべき収益分配の合意にいたったため、使用料紛争が解決した。それからまもなく、デービッド・スーがグレイロックによるパンドラへの出資話をとりまとめ、取締役に就任した。2010年末までにパンドラは70万超の楽曲を提供するようになり、1億ドルの収益を得ていた。そして2011年には株式の新規公開を果たした。

パンドラはほぼ10年のあいだ、訴訟、不利な法規制、絶え間ない破産の危機によって痛めつけられていた。にもかかわらず驚くべきことに、ウェスターグレンと経営チームは逆境をひたすら耐え抜き、楽曲の探索や鑑賞に新風を吹き込むチャンスを追求しつづけた。彼らの事業存続を可能にしたのはしたたかさと執念である。あなたも仕事でしたたかさと執念を発揮すれば生き残れる。

ＡｉｒＢｎＢとパンドラはともに、一時は深刻な経営資源の不足に陥っていた。資金不足。ノウハウ不足。人脈不足。従業員、助言役、事業パートナーの不足。だが、このような一見したところ厳しい制約があったからこそ、実はすさまじいチャンスをつくり出す力が培われたのかもしれない。経営資源がなければ自分たちでつくるだろう。戦うよりほかに選択肢がなければ、必死に戦うだろう。創造する以外に方法がなければ創造するだろう。フリッカーの共同創業者カテリーナ・フェイクは、「資金、人材、経営資源が少ないなら、そのぶん創意工夫が求められる」と語っている。機転を利かせなければ生き残れない。このような理由から、スタートアップは時に、画期的なイノベーションによって大企業を出し抜くのだ。マイクロソフトなら1年くらい奮起せずにいても、手元にはまだ莫大な資金が残っているだろうが、スタートアップが奮起しなかったら一巻の終わりである。自分がどれだけ機転を利かせられるかを知りたければ、予算を削ってみるとよい。仕事の期限を前倒しするとよい。そして、どう乗り切れるか腕試しをするのだ。こうしておけば打たれ強さが増し、いつか必ず訪れる苦難への備えになるだろう。

●
●
●

簡易宿泊先紹介サイトの運営資金をひねり出すためにシリアルを売る? 自分の会社を破産へと導きそうな法律の成立を阻止するために、議会にメールや電話で100万回もの陳情攻勢をかける？ こうした起業家たちの創意工夫、七転び八起き、ずぶとさ、奮起にならうと、辛い時期にチャンスをつくり出すことができる。奮起は教科書を読んで学ぶものではない。むしろ、啓示のようなものによって「もっと奮起しよう」という思いが湧きあがってくるのだ。そして、この本で紹介するスタートアップの戦略の大半と同じく、奮起すればするほど、それはあなたの第2の天性になる。

エリック・バーカーという人物は、会社を興した経験も、シリコンバレーに住んだ経験も持たないが、文字どおり起業家のように奮起してきた。バーカーはハリウッドで10年ほど脚本家の仕事をしたあと、大学に戻ってＭＢＡ（経営学修士号）をとろうと心に決めた。ハリウッドでは、ディズニーなど一流映画スタジオでの仕事にも恵まれて順風だったが、経営スキルを磨きたいという思いがあった。こうして２００７年秋にボストン・カレッジのビジネススクールに入学し、朝から晩まで講義漬けの生活を送ったほか、夏休みには任天堂でインターンとして働いた。翌秋には就職に備えてマネジャー職を探しはじめた。

そこへ不況が襲った。たしかにバーカーは異彩を放つ経歴と名門校の立派な学位を持っていたが、いずれも応募先企業の目には魅力的には映らないようだった。異口同音に「わたしどもが求めるのは財務に強い人材です」という言葉が返ってきた。5カ月後、いまだ働き口の見つかりそうもなかった彼は、マイクロソフト、アップル、ネットフリックス、ユーチューブ、Ｉ

DEOの5社に勤務する人々を対象とした広告をフェイスブック上に出した（IDEOはパロアルトを本拠とするデザイン・イノベーション分野のコンサルティング会社である）。広告には自分の写真と肩書にくわえて、次のようなメッセージを載せた。「こんにちは、エリックです。マイクロソフトへの就職を希望しています。MBAとMFA（美術学修士号）を持ち、メディア業界での経験が豊富です。『力になってもいい』という方は、ここをクリックしてください！」

ほんとうのところ、反響は期待していなかった。それが蓋を開けてみたら、数週間のうちに山のようなメールが届いた。そこには励ましの言葉、さらにはマイクロソフトに勤務する知人の名前などの大切な情報が記されていた。ほどなく、この一件があちらこちらのブログで取り上げられた。目を見張るような展開により、バーカーは自分の奮起に注目を引こうとしていっそう奮起した。さまざまなメディアやブロガーに100通を超えるメールを送り、自身の「SNS広告を活用した就活奮闘記」を紹介した。奮闘記はたちまち『ボストン・グローブ』『ボルチモア・サン』など多数の媒体で話題沸騰となった。

フェイスブックに掲載した広告は閲覧回数5万超、クリック回数500を記録した。「リンクトインを使っている人たちにあなたのことを知ってもらえるように、履歴書を送ってあげましょうか？」というヘッドハンターからのメールも20通に上った。バーカーはちょっとした時の人になったが、就職先は見つかっていなかった。そして広告を掲載して約6週間後の２００９年6月、潮目が変わった。マイクロソフトの採用担当者から待望のメールが届いたのだ。結局のところマイクロソフトには就職せず、ビジネススクールの教授の紹介でビデオ制作会社に落ち着いたのだが、一連の出来事からは大切なことを学んだ。そして、前職にちなんだ喩《たと》えを交えながら、ことの発端となったひらめきについてわたしたちに語ってくれた。「人事部はいわば映画『３００〈スリーハンドレッド〉』の兵士たちと同じ。相手の前進をはばむ一方なんだ。『採用しましょう』という権限はないけど、『お引き取り願います』というメチャクチャ大きな権限は持っている。彼らを飛び越して、決定権を持つ人への紹介を得ないとね。僕もそうした。奮起したさ」

●
●
●

飛躍へのチャンスは現れては消えていく。しっかりつかみ取らなければ、逃げて行ってしまう。２００３年にペイパルがイーベイに買収されたあと、わたしは1年ほど休養して旅に出ようと考えていた。頭をリフレッシュしてこれからの計画を立てるために、まずはオーストラリアで2週間の休暇をすごした。休暇先では現状を振り返った。すると、「シリコンバレーへ戻って、すぐにでも消費者向けネット企業を興さなくては」という気持ちになった。何としてもつかむべきチャンスが見えてきたのだ。ひとつには市場環境が整いつつあった。消費者向けにイノベーションを実現する余地は豊富だったが、ＩＴバブルの崩壊に怖気づいて、競争相手になりそうな多くの起業家も、投資家も、様子見を決め込んでいた。だが、彼らとていつまでも様子見をしているわけではないだろう。しかも、ペイパルの成功を受けてわたしには心強い人脈があったから、新会社を興すのに必要なヒト、モノ、カネを比較的すみやかに集めることができた。

ここでの教訓として、大きなチャンスは決して自分の都合に合わせて訪れるわけではない。「いまの仕事を辞めようか」と考えていたちょうどそのときに、「これしかない」と思えるような求人があったら、素晴らしいだろう。上司が不在の週に偶然にも、そのときかぎりのカンファレンスが開催されたら……。しかし、「絶妙のタイミング」などまずない。ほとんどの場合、世界一周の旅に出ようとしているなど、別のプランを実行しているさなかにチャンスは訪れる。

チャンスはこちらの都合に関係なく訪れるばかりか、あいまいさや不確実性を伴う。ほかの機会よりも優れていると確信できる例は少ない。あなたは、飛躍のチャンスに出会ったときにそれに飛びつくよりも、「ほかの選択肢を手放さずに」あれこれ考えようとするかもしれない。これはアダになるおそれがある。往々にして、行動プランを実行に移すよりも、「ほかの選択肢を手放さずにいる」ほうがリスクが大きいのだ。

多くの場合、失敗の原因はほかの選択肢を残そうとしたことにある。わたしの父がかつて語っていたように、**決心すると当面はチャンスが減るが、長い目で見ればチャンスは逆に増える**のである。仕事人生で前進を果たすためには、やり直しの利くプランの一環として、特定のチャンスに賭ける必要がある。たとえ不安や不都合があったとしても。

いまでなければ、いつやるのか？

自分に投資をしよう

明日すること——

●自由に使える時間をつくろう。来週はあえてスケジュールをあまり詰め込まない日を設けて、時間にゆとりがなければ読まないような本を読んだり、別の部門の同僚とランチに出かけたり、本業とやや違うが関連する分野の講演会やセミナーに参加したりしよう。

●自分の知るなかでいちばん好奇心が旺盛な人をランチに誘い、ほとばしるような好奇心を分けてもらおう。

来週すること――

●これから半年以内に開催される業界イベントやアイデア・カンファレンスを探し、どれに参加するかを決めよう。参加申し込みと交通機関の手配をしよう。

●「YESデー」として丸1日を割り当て、その日はすべてに前向きな返事をしてそこからどんな偶然の幸運《セレンディピティ》が生まれるかを確かめよう。

●チャンスは人をとおしてもたらされる。いつも面白そうなことに関わっていそうな人を知り合いのなかから見つけよう。そして、彼らのところにチャンスが集まる理由を探り、そうした特性を備えた人々との出会いを増やすよう努めよう。

来月すること――

●自分でグループや団体をつくろう。定期的な昼食会や一度かぎりの会合《ミートアップ》でもよい。大切なのは、アイデアや手立てを紹介し合うことだ。メンバーのとりまとめや情報連絡には、簡単なWikiを用意したり、リンクトインのグループやイベントを活用したりしよう。

●『ワイアード』『MITテクノロジー・レビュー』などの雑誌を定期購読しよう。こうした雑誌はえてして、次の展開のヒントを示している。友人のなかで誰が真っ先に新しいテクノロジーを使いはじめるかを見極めよう。目的は、テクノロジー、経済、社会のトレンドによってどんな新しいチャンスの波が生まれそうかを判断することだ。

人脈を活かそう

「どうやって大きなチャンスを見つけ、生み出し、活かすか」について仲間たちと率直に意見を交わそう。「素晴らしいチャンスに出会ったら、みんなにも一枚噛んでもらえるよう頑張るから」と伝えよう。

第6章

賢くリスクをとる

リスクはともすると悪玉扱いされる。株取引で損を出すとか、ヘルメットをかぶらずにバイクに乗る、といった行いを連想させるのだ。しかし、リスクは敵ではなく、常に人生の一部である。それどころか、リスクについてあらかじめよく考えておくことは、第5章で述べた飛躍のチャンスをつかむのに欠かせない。もし人脈を活かし、偶然の幸運《セレンディピティ》を引き寄せ、機知を働かせるだけでよいなら、もっと多くの人が飛躍へのチャンスをつかみとっているだろう。これらはたしかに必要だが、現実には、これだけではまずチャンスをものにできない。素晴らしいチャンスをめぐっては競争がある。だからこそ、よく考えたうえでリスクをとれば、ほかの人が見逃すようなチャンスに気づくだろう。みんなが「赤信号だ」と思っても、あなたは青信号だと判断するのだ。

仕事上での「リスク」とは、行動や決断に伴う不都合や、それが現実になる可能性を意味する。つまり、「リスクが高い」とは、不都合がいまにも起きそうな状況を指すのである。一例として、大手航空会社の運航便に乗るのは「リスクが高い」とは言わない。万が一にも墜落すれば悲惨だが、その可能性はきわめて低いからである。その一方、速く移動できるメリットはとても大きい。飛行機に乗るのはリスクを伴うが、事故が起きる可能性は非常に低いから、リスクは高くないのである。

起業家のなかには、むやみにリスクをとろうとする人もいなくはない。馬鹿げた夢を追い求めて、無鉄砲にも会社もろとも危ない橋を渡ろうとするのだ。ただし、偉大なる起業家は違う。彼らは、リスクそのものへの許容度が高いのではなく、リスクの大きさをよくよく見極めたうえで対処する。これが並みの起業家と一線を画する点である。仮に不都合があったとしても、リスクを正当化できる十分なメリットがある場合だけ、チャンスを追い求める。これは起業家として成功するうえで大切な技能のひとつだ。

チャンスや仕事上の挑戦にはリスクがつきものである。ジョージ・クルーニーは、『ER 緊急救命室』の役をつかもうとして熱心に自分を売り込み、オーディションを受けたが、これもリスクを伴う行いだった。この番組が派手に失敗するおそれもあったのだ。同僚とのイザコザをめぐって上司に意見すれば、機嫌を損ねかねない。賃上げを求めて交渉すれば、強欲だと見られかねない。副業をすれば、会社の業務にしわ寄せがおよびかねない。「自分の戦略に伴うリスクを重く受け止めていないようなら、それはたいした戦略ではない」とは、ネットフリックスの創業者リード・ヘイスティングスの言葉である。これは事業ばかりか仕事にも当てはまる。仕事上のチャンスに伴うリスクについて、真剣に考える必要に迫られないのなら、あなたはきっと飛躍へのチャンスを求めてはいないのだろう。

身近にいつもリスクがあるからこそ、仕事に関してはプランAのほかにプランBとプランZを設けておくべきなのだ。もちろん、リスクを伴うのは仕事がらみの行動だけではない。あらゆる行動がリスクを伴う。公園でジョギングをするとか、核兵器や地震のある国に住むなど、日常的なことがらも例外ではない。何もせずにいることさえもリスクと無縁ではない。病気なのに診察を受けようとしない人は、何もしないリスクをとっている。変化が激しく順応が求められる状況では、手をこまねくリスクはとりわけ大きい(アメリカの自動車業界を考えるとよい)。

このように、わたしたちはみんなリスクをとっている。ただし、何かをするときの賢明さの度合いには人によって差がある。多くの人は、リスクを最小限に抑えれば安定した仕事人生を歩めると考えている。だが皮肉にも、変化の激しい世の中では、これはとてもリスクの高い選択である。不都合やデメリットに目をとめるのは弱さの表れだなどと考える人もいるし、「失敗は許されない!」というセリフは映画のなかでは様《さま》になるかもしれないが、戦略を立てる際には得策とはいえない。リスクを避けるのではなくよく考えたうえでリスクをとれば、競争上の強みになるはずだ。

リスクを見極めてうまく付き合う

個々のリスクの大きさは、簡単に見極められるものではない。これにはいくつかの理由がある。まず、リスクの大きさは人によっても状況によっても違ってくる。あなたにとって危険なことも、ほかの人にとってはそうでもないかもしれない。次の仕事が見つかる前に辞表を出してしまうのは、人によってとてつもなく無謀な場合もあれば、好ましい選択である場合もあるだろう。起業するために会社を辞めて、数カ月は無給でしのぐ人もいる。そうかと思えば、安定した給料や福利厚生が約束されない立場に身を置くことなど、想像すらできない人もいるだろう。

しかも、リスクの大きさは一定ではない。あなたも、競争の状況も、世の中も、変化していく。いまのあなたにとってリスクの大きい選択も、1カ月後、1年後、5年後にはそうでなくなっている可能性がある。あなたが「自分をプロジェクト・リーダーにしてください」と上司に嘆願したら、同僚が不満に思うおそれはどれだけあるだろう？ 状況は絶えず揺れ動いていてつかみどころがない。たとえば、あなたが昇進・昇給したばかりのときと、新入りのときとでは、事情は異なってくる。常にリスクの大きい行いもなければ、常にリスクと無縁な行いもない。程度の問題であり、状況や性格によって大きな開きが出てくる（原注1）。

リスクを見極めるのはいつでも難しいが、不可能ではない。起業家は毎日これを実践している。もっとも、金融機関が使うような洗練されたリスク分析モデルに頼るのではない。活力に満ちたスタートアップの成功見込みについては、確率や範囲を導き出す数式などない。まして、人生のスタートアップ、つまり仕事人生についてこれらを計算するなど、現実的ではないだろう。一つひとつのチャンスについて、損得を数字で表すのは不可能である。時間もなければ情報も足りないはずだ。しかも、わたしたちの直感は先入観や思い込みだらけだから、そのせいで合理的な判断が妨げられる。そこで以下では、リスクの大きさを見極め、うまく付き合っていくうえで助けになるヒントをいくつか紹介したい。

大体において、あなたが思うほどリスクは大きくないだろう

たいていの人はリスクを大きめに見積もる。人間は本質的にリスクを避けるようにできている。そのように進化してきたのだ。なぜならわたしたちの祖先にとっては、「あそこに食べ物がありそうだ」というチャンスの兆しよりも、「あそこに捕食者がいそうだ」という危険な気配のほうが、見逃した場合の打撃が大きかった。神経心理学者のリック・ハンソンによる説明はこうだ。「母なる自然は、わたしたちの祖先を生き延びさせようとして脳を進化させた。そのせいで人間はしばしば3つの判断ミスをしてしまう。脅威を実際より大きく見る反面、チャ

ンスは実際より小さく受けとめ、脅威に対処してチャンスをつかむための手立てを過小評価するのだ」。この結果わたしたちは、どのような状況でもリスクを大きめに見積もるようになった（原注2）。

わたしたちはムチにはすぐに気づくが、アメにはなかなか目をとめない。心理学で言うこの「ネガティビティ・バイアス」は、日常生活でも頻繁に現れる。「あの人とは一緒に仕事をしないほうがよい」と強く釘をさされるのと、「あの人と一緒に仕事をするとよい」と強く推薦されるのとでは、前者のほうが鮮明に印象に残る。「型破りな提案をしたら、上司にどう思われるだろう」という不安が、「仕事ぶりに感心してくれるだろう」という思いを圧倒する。

脅威を実際より深刻に受け止めて犠牲者を出さないようにするのは、遺伝子を次世代へと引き継いでいくという進化の鉄則を守るうえでは望ましい戦略かもしれない。しかしこれは、人生を最大限に活かすための方法ではない。精一杯生きて活躍しようとするなら、このネガティビティ・バイアスの克服に努めなくてはいけない。そのための第一歩として、「不都合はおそらく、自分が思うほど大きくはない（起きそうもない）」と胸に刻んでおこう。

最悪のシナリオに耐えられるか？

リスクについては膨大な研究がなされているが、「実社会でビジネスに携わる人々は、現実の問題についてどう判断を下すか」といった切り口の研究は驚くほど少ない。例外は1991年にズー・シャピラ教授が行った調査である。教授は、アメリカとイスラエルの企業幹部およそ700人にいくつかのシナリオを示し、リスクをどう見るかと質問した。その結果は、きれいな意思決定の木《デシジョンツリー》を書くのが好きな人々を落胆させるものだった。回答者たちは、さまざまなシナリオの価値を数学的に弾き出したのではない。損得をいくつも数え上げたわけでもない。むしろたいていの人は、「最悪のシナリオが現実になった場合、それに耐えられるかどうか」という、イエスかノーで答えられる単純な問いの答えを出そうとした。つまり、「最悪のシナリオが現実になったとしても、生き残れるだろうか?」ということを真っ先に気にするのだ。最悪の場合、自分の評判がひどく傷つく、お金をすべて失う、あるいは仕事がいっさいできなくなるなら、そんなリスクをとってはいけない。もし最悪の結果が、解雇される、少しの時間やお金を失う、不快感を味わうといったものなら、堅実なプランZがあるかぎりは生き残れるから、そのリスクはとってもかまわないはずだ。

途中で判断を変えたり覆したりできるか? プランBは実行可能か?

経営コンサルティング会社はしばしば自社のアナリストに、「ビジネススクールの学費を出すから、卒業後2年間は当社で働くと約束してほしい」と提案する。この提案を受け入れると、

2年間はビジネススクールに通い、つづく2年はいまと同じ会社で働くから、合計4年間縛られることになる。人生の4年間の使い途をあらかじめ決めてしまうのは、リスクが大きい。何かが思いどおりに行っていないと感じたり、ほかに「これは」と思うチャンスが訪れたりしたときにプランBに乗り換えられるような選択肢のほうが、融通が利きやすい。リスクを吟味して「判断を誤った」と気づいたときに、簡単にやりなおせるだろうか？ あまり手間をかけずにプランBやプランZに移行できるか？ 答えが「ノー」なら、そのチャンスは大きなリスクを伴うから、慎重に対応すべきである。

マイケル・デルがテキサス大学在学中にデル・コンピュータを創業した話は有名である。だが、当時はこのスタートアップが成功するかどうか不透明だったから、彼はリスクを避けるための手を打った。大学を中退するのではなく、正式な休学届を提出して、会社がうまくいきそうもなかったらすんなり復学できるようにしたのだ（原注3）。マイケル・デルは慎重にリスクをとり、イザとなったら起業の決意をひるがえしてプランBに方向転換する道を残しておいた。

「絶対確実」はありえないから、不確実性をリスクと混同してはいけない

仕事のチャンスとリスクをめぐっては、不確実性が完全に消えることはないだろう。不確実性もリスクの一部なのである。チャンスが複雑で魅力的であればあるほど、不確実性も大きく

なりがちである。あらゆるメリットとデメリットを知り尽すことなど、決してできない。情報がまったくないなら仕事を変わる気にならないだろうが、情報が１００％揃うまで待つわけでもないだろう。そんなことをしたら、永遠に待たなくてはならない。先行きが不確実だと落ち着かないが、不確実だからといって必ずしもリスクが大きいとはかぎらない。ハワイで休暇をすごすために、細かいスケジュールを決めずに飛行機に乗ると、現地でどんな経験が待っているかわからず不確実な点が多いが、とりたててリスクが大きいわけではない。何だかんだ言っても、ハワイ滞在が悲惨なものになるおそれは小さいだろう。シェリル・サンドバーグがワシントンＤＣからシリコンバレーに移り住んだときも、不確実な要素は数え切れないほどあったはずだ（カリフォルニアは子育てに適した土地だろうか？　もしグーグルが傾いたら、彼女の評判はどれだけ傷つくだろうか？）。未知の業界に転じるにあたっての数々の不明点を深刻なリスクととらえたなら、サンドバーグは決してグーグルに転職せず、飛躍への大きなチャンスを逃していたはずだ。先行きが不透明な場合、そちらの方向に進むのを避ける人は少なくない。しかし、またとないようなチャンスはたいてい、不確実性もとても高いのである。先が見えにくいからといって、リスクを大きくとらえすぎないようにしよう。

年齢と仕事のステージを考えた場合、あなたにとってこれから数年間のリスクは何だろう？

年齢と仕事のステージによってもリスクの大きさは変わってくる。一般には、若ければ若いほど、失敗した場合の痛手は小さくてすむ。20代、30代でつまずいても、お金と評判、どちらの面でも巻き返しを図るのに十分な時間が残されている。頼りにできる両親や家族がいる。子どもや住宅ローンを抱えている可能性も低いだろう。ファイナンシャル・プランナーは若い人に債券より株式への投資を勧めるが、これと同じく、若いときは仕事のうえでも果敢にリスクをとることが大切である。若者が起業したり、世界中を旅して回ったり、仕事上で比較的「リスクの高い」選択をしたりするのも、これが主な理由である。つまり、大きな痛手をこうむるおそれが小さいのだ。価値ある挑戦に伴うリスクが、5年後にはいまより大きくなっているなら、いまのうちに積極的にリスクをとりにいこう。年齢を重ねて資産が増えるにつれて、リスク耐性は変化していくのだから。

ほかの人がリスクを誤解しているなら、自分はそのチャンスを追い求めよう

あなたの持ち味と置かれた状況によっては、ほかの人にとってはリスクが大きい選択肢も、あなたにとってはそうではないかもしれない。リスクの度合いは人それぞれ異なる。だが時には、あなたと同じような資産と大志を持ち、同じ市場環境に身を置く人が、実際よりもリスク

を大きく見積もる場合があるだろう。するとあなたにとっては、同僚がうかつにも見逃しているチャンスを追いかける好機になる。

偉大なる投資家ウォーレン・バフェットは、「みんなが貪欲になっているときは臆病になり、みんなが臆病なときは貪欲であれ」を持論にしている。バフェットにとってはこれが競争上の強みなのだ。２００８年の金融危機のさなか、たいていのアメリカ人が怖気づいて持ち株を手放すのを横目に、彼は割安になったアメリカ株を買い込んだ。「買い手がいない」と思える時期に株を買えば資産を築ける。将来的には上がると思うからこそ、いまのうちに購入しておくのだ。売り手のほうは、今後は株価が下がると考えている。公開市場で株に投資をするときは、ほかの多くのことと同じく、逆張りでしかも正しい判断を下すと大きな成功を手にできる。

リスクについて、逆張り——つまり多くの人と逆の立場——で正しい判断をするのは、明らかにハイリスク、ハイリターンな機会に飛びつくのとは違う。むしろ、みんなが考えるよりはリスクが低く、しかも大きな見返りが期待できる機会を追求することを意味する。

仕事上でよくあるこうした機会や状況には、以下のようなものがある。

●**報酬は少なくても、とても多くの学びにつながる仕事。**人々の関心は、「報酬がいくらか」などといった、数字で表しやすいハード資産（第２章を参照）に向きがちだ。あまりお金に

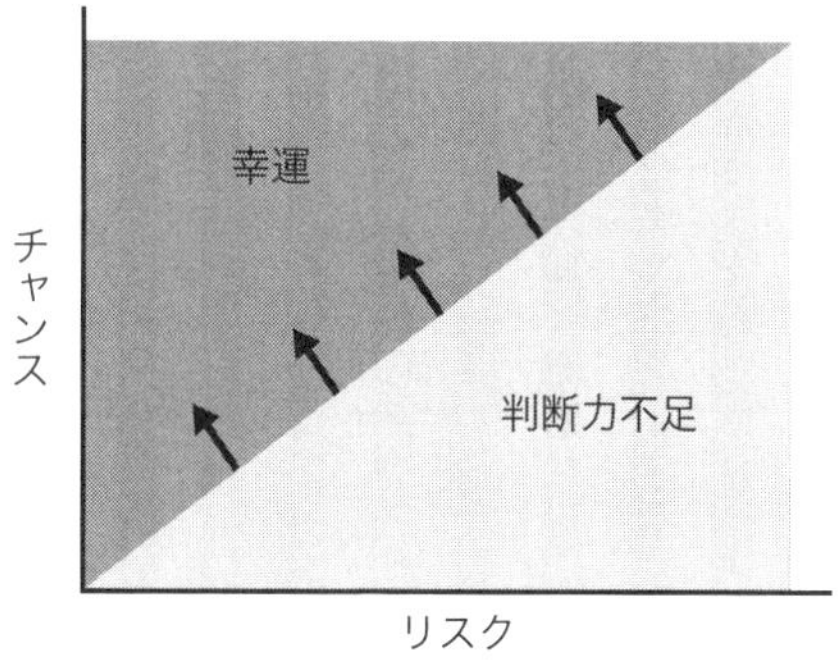

ならなくても多くの学びをもたらす仕事は、リスクが大きいとして見向きもされない。

●**フルタイムの仕事と比べて「安定性」に欠ける、パートタイムや請負などの仕事。**少しばかり不安定でも、みんなが思うほどの支障はない。それどころか、次の項で述べるように、不安定なほうがよいのだ。「パートタイムや請負はフルタイムの仕事に劣る」と考える人が多いが、ほんとうはこれらこそ、さまざまなプランBへの方向転換に役立つ技能や人脈を培うための、素晴らしい機会である。

●**経験は乏しくても、賃金が格安で仕事を覚えるのが早い人材を雇う。**これは中くらいのリスクで大きな見返りが得られそうな選択肢である。仕事の呑み込みがよければ経験不足を補えるが、こうした人材は市場では過小評価されている。

●「リスクが高い」としきりに伝えられている機会。わたしたちは生まれつき物事を悲観的にとらえる傾向があるから、危険や不都合について聞く回数が多ければ多いほど、それが起きる可能性を大げさに受け止めてしまいがちである（だから、航空機事故のニュースが大きく取り上げられたあとは、いつもより「飛行機に乗るのは怖い」と思うのだ）。ある仕事やキャリアパスについて、メディアや業界人がしきりに「リスクが高い」と主張している場合はおそらく、たいていの人が考えているよりも実際のリスクは小さいだろう。

自分がよく知る分野でほかの人たちがリスクを見誤っているなら、リスクの割に見返りの大きな機会を見つけられるだろう。たとえば駆け出しの起業家は、不況に直面するとビクついて事業アイデアを諦めてしまう場合がある。「資金を調達するのも、買い手に財布のヒモをゆるめてもらうのも難しくなっているから、こんな大変なときは会社勤めのほうが安定している」などと考えるのだ。片や経験豊かな起業家は、みんながリスクを怖がっているからこそ、不況期の起業は世間で考えられているよりリスクが低い、という実情を心得ている。不況期に会社を興せば、一流の人材や顧客の財布をめぐる競争が少なく、メディアにも取り上げられやすい。

マイクロソフトやフェデックスのような卓越した企業も、不景気がきわまった時期に創業した。ひじょうに多くの起業家が「不況期はリスクが高い」と考えている事実そのものが、かえってリスク度を押し下げているのだ。

あなたが、まわりより優れた情報を得て有利な立場でリスクを見極められるのは、どういった状況のもとだろう？

短期のリスクは長期の安定性を高める

一部の職業や仕事は、世間で「ほかよりもリスクが高い」と考えられている。２００３年、ふたりのエコノミストが「リスクと職業の選択」と題した論文を発表した。収入の安定性や平均失業率などをもとに、各業界についてそこで働くリスクを推計したのである（原注４）。筆者たちは、収入の変動や失業を「衝撃」と表現している。彼らによれば、リスクが高い（衝撃が大きい）職業は経営、エンターテインメント、セールス関連、リスクが低い（衝撃が小さい）のは教育、保健・医療、エンジニアリングだという。表現を換えるなら、リスクが高い仕事は浮き沈みが激しく、リスクが低い仕事は安定しているという考え方である。これは従来の常識とも一致する。リスクを避ける人は教員、医師、弁護士や裁判官、銀行員などになり、リスクをいとわない人は会社を興したり、ミュージカルの世界に飛び込んだりする、という常識と。だが、この前提は正しいのだろうか？

不安定のパラドクス：小さな火は大火災を防ぐ

ナシーム・ニコラス・タレブは『ブラック・スワン』（ダイヤモンド社）において、非常に衝撃的で稀《まれ》な、予想外の出来事について書いている。9・11同時多発テロ、1987年の株価大暴落、2004年のインド洋での大津波などが、こうした「ブラック・スワン」の具体例である。予測は不可能でそもそも起きる可能性も低いのだが、影響は凄まじかった。友人のジョシュア・クーパー・ラモは秀逸な著書『不連続変化の時代：想定外危機への適応戦略』（講談社インターナショナル）において、わたしたちが生きているあいだにブラック・スワンはさらに現れると覚悟しておくべきだ、と述べている。ラモによれば、想像もできないような大変動は増えているという。世界各地のつながりが緊密になっているため、ある地域のちょっとした変動がいたるところに破局的な影響をおよぼしかねない、というのだ。アジアやヨーロッパの経済の不調は、アメリカ経済にも波及する。中東で政情不安が起きると原油価格が高騰する。互いの関係が密になりすぎた世界では、いっさいのゆとりが取り除かれるため、その代償として脆《もろ》さが生まれるのである。

経済、政治、労働市場はこれから先、予想外の衝撃に何度もみまわれるだろう。その意味でこれからの世界は、シリコンバレーのように変化と混沌《カオス》が絶えなくなると考えられる。ではあなたは、衝撃を避けようとして、医療や教育といった変化の少ない分野の職業に就くべきだろうか？　そうとはかぎらない。リスクに賢く対処するには、不安定を伴う機会を追求して、打たれ強さを身につけるとよい。タレブは、打たれ強さを研究する生態学者の説を一歩進めて、「波風の少ない環境をブラック・スワンが襲った場合のほうが破壊力は大きい」と書いている。凪《なぎ》のような状態がつづくと「安定している」という幻想が生まれるだけである。「たとえばシリアやサウジアラビアのように、独裁政治が行われていても不安定に見えない国は、イタリアのように、第2次世界大戦後ずっと政治が不安定な国よりも、混沌に陥るリスクは大きい」（原注5）。ラモは理由をこう説明する。「イタリアは、森林でぼやが起きても大火災にならないように藪《やぶ》を刈るなどして、災厄をたびたび乗り越えてきたから、危険な混沌を耐え抜く力があるのだ」（原注6）。小さな火事があったからこそ、予期しない危機を克服する力が政治体制に備わった。シリア、北朝鮮、ミャンマーはぼやを経験していないから、いったん火事が起きたらみるみるうちにとほうもない惨事へと拡大しかねない。さしあたっては、波風がないのは安泰を意味する。ところが凪のような状態が長くつづくと、想像もつかないような外からの衝撃を跳ね返す力が衰えるため、ひ弱さが増していく。このような理由から、経済学を専門とするシカゴ大学のラグラム・ラジャン教授は２００５年にＦＲＢ（連邦準備制度理事会）の年次シンポジウムにおいて、「グリーンスパンＦＲＢ議長は、在任中に2回の穏やかな景気後退しか起こさずにいるため、この責任を問われるべきかもしれません」と発言したのだ（原注7）。経済システムに十分な負荷がかからずにいたせいで、大火災を克服する力が弱まって危険な状態になっていた。

短期のリスクがかえって長期のリスクを小さくするというパラドクスは、仕事人生にも当てはまる。以前であれば、安定した勤務先といえばＩＢＭ、ＨＰ（ヒューレット・パッカード）、ゼネラルモーターズなどを思い浮かべただろう。これら企業はみな、長い歴史と膨大な従業員数を誇り、揺るぎない地位を保ってきた。いずれも一時期は終身雇用を事実上の方針とし、はっきりとそううたっていた例さえある。だから、市場の環境が厳しくなってやむをえず数千人を解雇したとき、どんな状況だったかを想像してほしい。「引退するまでＨＰで勤め上げる」という心づもりだった人の胸中はどんなだっただろう。彼は朝から晩まで会社で仕事をして、技能、経験、人脈はすべてその会社と分かちがたく結びついている。それなのに突然の解雇とは、何ということだろう。

最近では終身雇用は保障されておらず、この本の最初のほうで述べたように、会社と働き手との約束は白紙になっている。もっとも一部の業界ではいまなお、いくらかは安定らしきものがある。解雇されにくく、給料の変動が小さく、仕事上の責任が変わることが少ないのだ。官僚や役人、教員、エンジニア、医療関係者など、世間一般でリスクが小さいとされる仕事がこれに当たる。だが、州政府に正規職員として勤務する人と、不動産仲介業を自営する人を比べてほしい。不動産仲介業をしていると、次にいつ収入が入るかわからず、浮き沈みがある。奮起して顧客とのつながりを築き、市場の変化に取り残されないようにしなくてはならない。収入には波があり、たまに数百万ドルもする大型物件の成約にこぎつけて、何とかしのいでいる。他方、州政府に勤めていると定期的に給料が振り込まれ、何年かおきに自動的に昇進していく。食いっぱぐれることはない。……ただし、公務員の年金制度が崩壊したり、経費節減のために所属の部署が廃止になったりすれば、話は違ってくる。こうなるとにっちもさっちもいかない。不動産仲介業者と違い、ピンチを切り抜ける方法がわからないから、干上がってしまうだろう。

今度は名門誌の編集者とフリーランス・ライターとを比べてみよう。雑誌のお抱え編集者は、定期的な収入と仕事をあてにでき、おのずと人脈も広がっていく。フリーランス・ライターのほうは、仕事をもらうために奮起しなくてはならず、案件の数は月によってばらつきがある。編集者はいつもお腹がいっぱいだが、フリーのライターはひもじい思いをすることもある。やがて紙媒体が消滅したり、雑誌業界が崩壊したりすると、編集者は職を失う。窮状を乗り超える力を養ってこなかったから、食い詰めてしまうだろう。方向転換への備えが甘いのだ。それに引き換えフリーのライターは、ずっと七転び八起きを重ねてきたから、何とかなるだろう。さて、想像もつかないことが起きる時代には、長い目で見た場合、どちらの仕事人生がよりリスクが大きいだろう？

ある程度のリスクを折に触れてとらないかぎり、いつかは「こんなはずではなかった」という事態に陥るだろう。大きなリスクへの抵抗力をつけるのは、インフルエンザの予防接種をするようなものだ。ワクチンとして少量の病原菌を体内に取り込んでおくことによって、本格的なインフルエンザに対抗しようというのである。山あり谷ありの仕事人生を歩んでいれば、突発的な危機をも乗り越えられる。「衝撃をしなやかに吸収する力」が身につくのである（原注8）。

職種によっては頻繁な浮き沈みがつきものである（起業家やフリーランサーがこれに当たる）。そうでない仕事の場合には、あえて衝撃や混乱を引き寄せなくてはならないだろう。第5章で紹介したチャンスを引きよせる戦略を、積極的に取り入れるとよい（結局のところ、チャンスとリスクは表裏一体なのである）。具体的には、団体に参加する、自分で団体をつくる、活発に動き回る、副業をする、奮起する、などである。一言でまとめるなら、もっと「はい！」という回数を増やそうということだ。朝から晩まですべてに「はい」と返事をしたら、どうなるだろう？　これを1週間つづけたらどうか？　欠席したいと思っていたカンファレンスへの招きに「参加します」と返事をすると、もしかしたら新規事業、新規研究、あるいは新しい付き合いのヒントになるような意見を、小耳にはさめるかもしれない。もちろん、厄介やピンチ、時間のムダなどにつながるおそれもある。だが、どちらも悪くはない。偶然の幸運《セレンディピティ》に出会うか、さもなければ当面の不運を耐え抜く力を培えるのだから。

「リスクは避けられる」と思い込んでいると、人生が変わるかもしれないチャンスを逃してしまう。しかも、とてもリスク耐性の弱い生き方を選んでしまい、やがてとんでもない苦難に直面するだろう。それだけではない。変曲点のような仕事人生を脅かす出来事がいつ起きるかは、決して完璧には見通せない。逆境を跳ね返す力があれば、難題が降って湧いたらどうなるかをあまり気にせずに、大きなチャンスに賭けることができるだろう。自分のスタートアップを成功に導くには、**長い目で見た場合のリスクへの対処法として、逆境への強さを身につけるしかないのだ。**

肝に銘じておいてほしい。もしリスクに気づかずにいたら、リスクのほうがあなたを探し当てるだろう。

自分に投資をしよう

明日すること――

●2、3分でよいから、自分の人生のリスクについて考えてみよう。関わっているプロジェクトを、リスクの大きい順に並べてみよう。そして、ほんとうのところどんなプラスとマイナスがありそうかを真剣に考えて、全体としてリスクを大きく見積もりすぎないよう自分を戒めるのだ。不確実性を「リスクが大きい」と勘違いしていないだろうか？

来週すること――

●ほかの人は避けがちだが自分は許容できるリスクを見つけて、そのリスクをとってみよう。貯金があまり貯まらないのを覚悟で、報酬は低いが学ぶことの多い仕事をしようと思えるだろうか？　長期の仕事ではなく、月ぎめ契約でもかまわないだろうか？　このようなリスクのあるプロジェクトを探してみよう。自分を差別化する機会になるだろう。

来月すること――

●人生に少しのあいだ波風を立てるようなプランを立てよう。浮き沈みや不確実性がいまより多いプロジェクトや仕事に挑戦できるだろうか？

●自分のプランZをもう一度振り返ってみよう。いまでも現実的だろうか？　プランAが暗礁に乗り上げても、何とかやっていけるだろうか？　知り合いに相談に乗ってもらいながら、予想外の出来事が起きた場合について考えよう。

人脈を活かそう

どういったリスクならとれるかについて、仲間や信頼できる知人と率直に話し合ってみよう。リスクについての考え方がわかっていれば、相手の力になりやすい。あなたがリスクについて人と違った見方をするタイプなら、ほかの人たちはあなたがチャンスと思ったことを避けるだろうから、この点を頭に入れておくとよい。自分の考えが少数派かどうかを、知り合いの反応をとおして確かめよう！

第7章

人脈は知識の泉

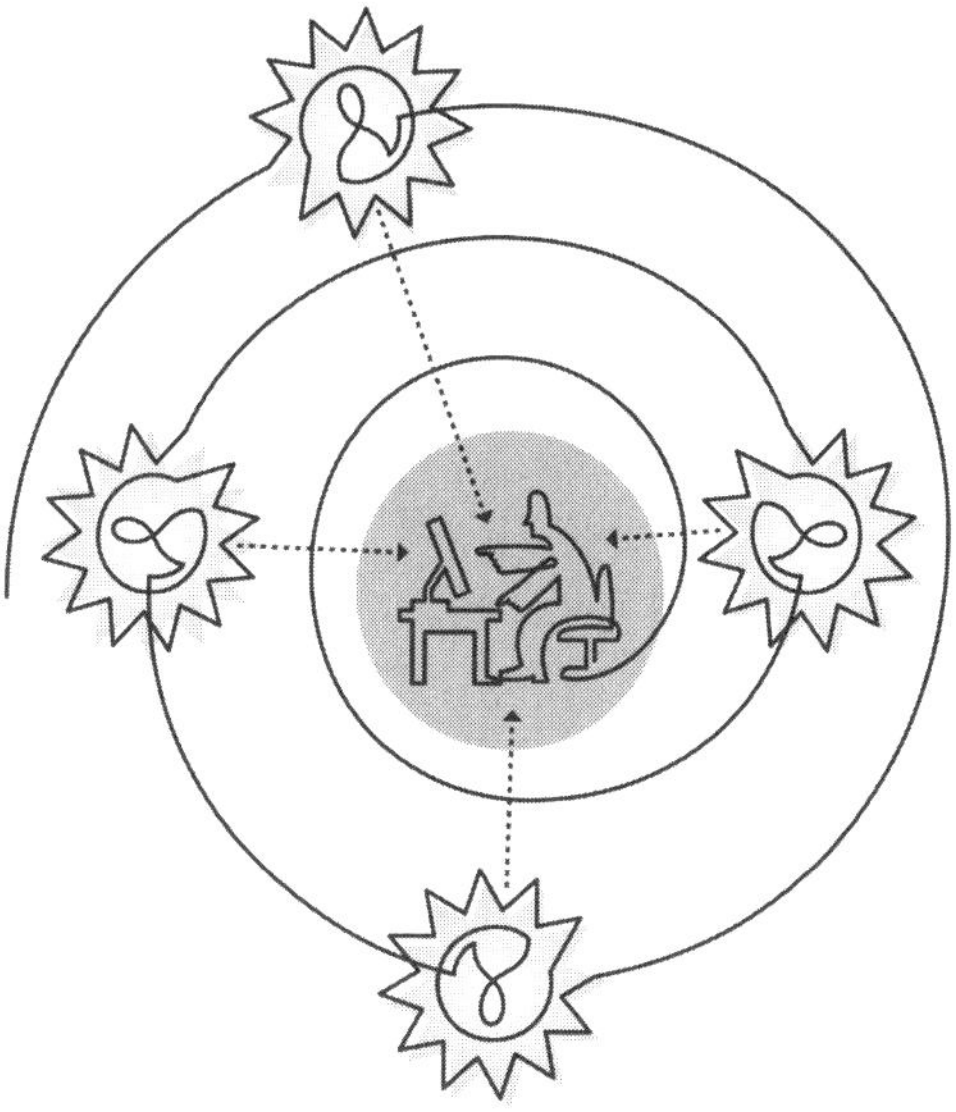

いまから10年前、ビル・ゲイツはこう記した。「あなたの会社を競合他社と差別化する最も意味ある方法、その他大勢に水をあける最高の方法は、情報を鮮やかに使いこなすことだ。情報をどう収集、管理、活用するかが、勝敗の分かれ目となる」(原注1)。これがいまほど強く当てはまる時代はない。ところが、情報や知識について教わってきたことは、見当違いもいいところである。学校教育では、教科書に書かれている事実を頭に叩き込み、試験で吐き出すよう訓練される。学習についてのこの政府推奨の発想は、知識を形あるモノのように扱っている。一度学べば、一生身について離れないというわけだ。しかし、いまの時代を生きるプロフェッショナルは、こんなやり方で知識を吸収していたのではまずい。なぜなら、求められる知識は一定ではなく、絶えず変化しているのだから。仕事に活かせそうな情報を残らず頭に詰め込んで試験当日に備える、というわけにはいかない。仕事の世界ではいわば毎日が試験日。くる日もくる日も、予想外の難問や決断を突きつけられる。事実データをいくらたくわえても、どうにもならない。突破口を開くのは、必要なときに必要な情報を手に入れる能力である。

人脈を知恵袋にして仕事上の難問を解く

起業家は知恵を集めることによって、会社を舵取りするうえでの日々の課題に対処する。知恵とは、業界トレンド、チャンス、競合他社の動き、顧客の心情、有望な若手の人材、給与の相場など、事業のあらゆる側面についての、行動に直結する旬の情報を指す。企業にとって知恵とは水先案内人のようなものである。

自分のスタートアップを順調に進めるのにも優れた知恵が求められる。第6章までを読みながら、あなたの頭のなかには次のような問いが浮かんだはずだ。「自分の技能は、変わりゆく市場でどれだけ価値があるだろう?」「未知の隙間《ニッチ》分野に進出すべきタイミングは、どう読めばよいのだろう?」「またとない仕事のチャンスは何か。どうそれを活かせばよいか?」これらの答えは簡単には導き出せない。数分間じっくり考えたり、ワークシートに必要事項を記入したりしただけでは、決して答えられない。このような難問を解くには、あなたもまたビジネスについての知恵を必要とする。

知恵を手に入れるには知り合いと話をするとよい。自分の資産、大志、市場環境を理解するうえで助けになるのは人である。頼れる「つて」になりそうな相手や仲間を選んだり、紹介してもらったりするうえでも、助けになるのは人である。チャンスに伴うリスクの把握を助けてくれるのも人。仕事上の課題をさばくのに役立つ情報を集める秘訣は、人脈力を活かすことである。

他人の頭脳を拝借する、つまり、情報網を活かすのだ。本、雑誌、検索エンジンからは優れた情報が豊富に得られるだろう。それでもやはり、カギとなる知恵の源泉としては、人脈のほうが役立つ場合が多く、ときにはそれしかない場合もある。特定のニッチ市場に参入する際にどんな技能が必要になるかは、本を読んでもわからない。仕事を求めて地球の裏側に移り住むリスクを推し量るには、雑誌では役に立たない。検索エンジンは、飛躍へのチャンスをもたらす人々を紹介してはくれない。だが、あなたの人脈にはそれができる。

友人がいるなら、知恵にあふれた人脈があるということだ。だがごく最近まで、その知恵を引き出すには、名刺の整理、手紙の送付、会合の設定など、時間のかかる作業が求められた。人脈や人脈づくりはいつも職探しと関連づけられていた。なぜなら、人脈づくりはあまりに時間や労力がかかるから、職探しのようにほんとうに大切な目的のためにしか行わなかったのだ。ところがいまでは、知り合いの頭のなかを飛び交う情報を手軽に引き出すことができる。みんなが密につながっているから、手間や時間をほとんどかけずに人脈の力を借りられる。望ましい働き口を探すような仕事上の大きな挑戦だけでなく、日々の幅広いテーマについても知り合いの情報網に頼るのが理にかなう。

第6章までで紹介した人々は、仕事人生を歩むなかでたびたび人脈を頼った。シェリル・サンドバーグが世界銀行に勤務していた当時、上司のローレンス・サマーズは彼女に、「1917年にロシアで緊急援助を行ったら、どういった効果が生まれていたか調べてほしい」と依頼したという。サマーズは『ニューヨーカー』誌のコラムニスト、ケン・オーレッタにこう語っている。「たいていの人は図書館に行き、ロシア史の本を何冊かざっと読み、『そんなことが可能だったのかどうかわかりません』と答えたでしょう。ですがサンドバーグはリチャード・パイプスに電話をかけたのです」。パイプスはロシア革命を専門とするハーバード大学の教授である。「彼女はパイプスから1時間ほど話を聞き、詳しいメモをとりました」。こうしてサンドバーグは、翌日サマーズを感嘆させたのである（原注2）。

人脈は知恵の源泉としてかけがえのないものである。なぜなら、知り合いがあなたに個人的に洩らす意見や感想は、『ウォールストリート・ジャーナル』のような公の媒体には決して載らず、会社のニュースレターにさえ登場しないだろう。上司の一風変わった好みについて耳打ちしてくれるのは、同僚だけだろう。公表前の求人情報をこっそり教えてくれるのは、その会社で働く友人だけだろう。

ふたつめとして、相手や状況に応じたアドバイスができるのは人だけである。友人や知り合いはあなたの興味関心を心得ていて、それに合いそうな情報やアドバイスをくれる。たとえば、あなたが大幅な収入減につながる転職の損得を見極めようとしている場合、親しい人ならあなたがいまより質素な生活に耐えられそうか判断できるだろう。シェリル・サンドバーグは世界銀行を去るとき、次の進路をグーグル検索によって見つけようとはしなかった。そうではなく、グーグルのCEO（最高経営責任者）だったエリック・シュミットに相談して、彼の知恵を借りたのだ。

3つめとして、知人や友人は、あなたがいろいろなところから集めた情報をふるいにかけてくれる。どの本を読むべきか、記事のどの部分が大切か、どの検索結果は無視すべきか、誰を信頼すべきか（信頼してはいけないか）を教えてくれるのだ。行動につながる適切な知恵だけにあなたの注意を向けさせてくれる。情報過多の時代には、これはとてつもなくありがたいことである。

なお、誰かと話をしているときのほうがよい考えをひらめく、という人も少なくない。人脈力を思い起こしてほしい。人脈の助けを借りると一人ひとりの力がグンと増すのである。これはひとつには、アンテナの高い物知りな人々のあいだを情報が行き来するうちに、メッセージが強まっていくからだ。ふたり以上の頭脳が連携すると、うまくいけば呼吸がぴたりと合う。

「情報網リテラシー」を手に入れる

「リテラシー」という言葉は何世紀も前から、読み書き能力という意味に用いられていた。本を読んだり書いたりすることができれば、その人は社会で大きな権力を持った。やがてインターネットが誕生すると、日ごとに生まれて索引づけされる情報の量が、凄まじい急増ぶりを見せた。権力は、読み書き能力だけでなく、ネット上で膨大な情報のなかから最適なものを探し出す能力を持つ人の手に移った。『ザ・サーチ』(日経BP社)の著者ジョン・バッテルはこれを、「検索リテラシー」と呼んでいる。最適な検索ワードを入力し、膨大な検索結果をかき分け、最も望ましい情報へのリンクをたどっていく能力である。

最近では検索リテラシーでさえも十分ではない。情報網リテラシーはさらに大きな強みをもたらす。情報網リテラシーとは、ソーシャルネットワーク上を流れる情報を概念としてまとめ、吟味し、活用する術《すべ》を心得ていることを意味する。情報網に最もうまく入り込み、情報網リテラシーを高めるにはどうすればよいか、以下で方法を紹介したい。

人脈から知恵を引き出す方法

2011年に日本を地震と津波が襲った時期、ハワイのホノルルにあるNOAA(国立海洋大気庁)の津波早期警報センターは騒然となった。このセンターは、太平洋、大西洋、メキシコ湾の深海にある39の基地にセンサーを設置し、それらをつないだシステムを運用している。各センサーは、予測値よりも水位が高い状態が15秒以上つづいたことを検知すると、きわめて短い間隔で衛星へ情報を送りはじめる。情報は専門的な訓練を受けた科学者のもとへ転送される。地上の科学者たちは、この情報を使って津波が発生したかどうかを確かめ、さらには規模や進路を見極める。こうして、津波の被害を受けそうな地域に警報を出すのである。

２０１１年３月の悲劇の当日、太平洋に散在するＮＯＡＡの各基地のセンサーが続々とデータを送信しはじめた。これを受信したホノルルの津波早期警報センターでは、科学者たちが情報分析に取りかかり、津波の注意報や警報を何度も出した（原注３）。予測どおり地震発生から数時間後には、いつもなら海水浴客であふれかえったホノルルのワイキキビーチに大波が押し寄せた。しかし、ＮＯＡＡの早期警報を受けて避難指示が出されていたため、津波が到達したときにはあたりの人々はすべて避難をすませていた（原注４）。

ＮＯＡＡ津波早期警報システムが有効なのは、何十もの基地からの測定データを解読しているからだ。太平洋のただなかにわずか数個のセンサーが浮いているだけだったら、津波の進路はどうか、勢いや速度を増しているかどうか、といった判定はできないだろう。だが、多数の海域に設置された多数のセンサーからデータが届くから、情報を比べたりまとめたりして、津波が海岸に到達しそうな時刻など、何種類もの予測を引き出すことができる。

あなたの人脈内の情報はこれと似たかたちで伝達、収集される。仕事上のパートナー、同僚、仲間、知り合いはそれぞれ別個のセンサーのような役割を果たし、異なる情報を伝達してくれる。彼らは異なる企業で働き、異なる興味関心を持ち、異なる都市で暮らしている。センサーがひとつだけだと津波の進路を十分に探れないのと同じく、ひとりの意見やアドバイスやヒントだけでは仕事の進路を決めるには足りない。しかし、ハワイで津波を観測する科学者と同じように、多方面からの情報をまとめて比較すれば、さまざまな視点がひとつに溶け合って豊かな知恵を生み出せる。

２００９年12月、アイリス・ウォン（仮名）が勤務する出版社では、創業以来で最大級の組織改編が行われた。６つの事業部は統廃合されて４つに減った。解雇者は全社で数十人にとどまり、ウォン自身は会社に残ることができたが、「組織改編は、最悪の事態がまだこれから訪れる予兆なのかしら」と不安になった。近い将来も果たして若手編集者の仕事はあるのだろうか、と首をかしげた。いまのうちに転職すべきだろうか？　それとも、一生懸命に仕事をして、嵐が通り過ぎるのを待つべきだろうか？　答えがわからなかったので、同僚たちに内輪の相談をしてみた。ところが、彼らもやはり最近の出来事に慌てふためき、口々にこの世の終わりのような悲惨な見通しを語るのだった。ウォンは彼らの言葉を真に受けるべきかどうか迷った。

こうして今度は、レコード会社で高い役職につく友人に相談を持ちかけた。レコード業界なら、出版業界と同じような苦境に直面しているはずだった。その友人によれば、ウォンが先ごろ経験したような大がかりな組織改編は、さらなる統廃合や解雇の伏線であることが多いから、気をつけたほうがよいという。ビジネスモデルを変えないかぎり、解雇のような当面のコスト削減を行ったとしても、結局のところ根本的な問題は解決しないのだ——。

次にウォンは父親に電話をかけた。金融機関で数十年働いていた父親は、合併・買収や解雇を何度も目の当たりにしたから、そうした兆しには敏感だった。娘への助言として、いくつかの点に注意を払うようにという。役員たちが部屋に閉じこもって出てこないことが多いか。大切な会議が延期や中止になるか。親会社からの来訪者がいるか……。ウォンの勤務先ではすぐにこうした傾向が目立ちはじめた。父親は、心配性な娘の性格を知っていたから、『明日から会社に来なくてよい』と言われるのではないか」とおびえながら仕事をするのは居たたまれないだろう、と気遣った。

こうしてウォンは、いわば自分のプランBについて考えて、知り合いのライター、編集者、そして出版業界からよそへ移った人々全員にメールを出した。これまでの自分の仕事に関連しそうなキャリアパスに心当たりがないか、質問したのである。すると、かつての同僚から興味をひかれる返信があった。出版業界で培った技能を活かして、文芸系PR会社の広報やソーシャルメディア・マーケティングをやってみてはどうか、というのだ。「偶然にも、紹介できそうな知り合いがいる」と言われ、数週間後に小さな会社がウォンのためにポストを用意してくれた。他方、元の勤務先である出版社は、数カ月後にまたも大きな痛みを伴う人員解雇を行い、ウォンの同輩も大勢が会社を追われた。

もしウォンが自分の人脈を活かして助言やつてを求めなかったなら、だらだらと以前の勤務先に居つづけて、津波のような災難にみまわれていた可能性が高い。だが彼女は、激変にみまわれそうになったときにそれを逆手にとって、業界の別の分野へと進路を変えた。

情報網が役に立つのは困ったときばかりではない。わたしたちは、順風と逆風どちらのもとでも情報網を必要とする。だからこそ、仕事上のチャンスから市場トレンドや社内の勢力図の変化まで、あらゆるテーマについていくつものルートから情報が入ってくるように、日ごろから人脈を大切にしておくべきなのだ。では、その時々で自分が必要とする知恵をだれが持っているかを探り、それを最もうまく引き出すには、どうすればよいだろうか？

人脈全体に質問を投げかける

前項で紹介したウォンの例からもわかるように、人脈から情報を得る基本はふたつある。ひとつは、特定の人だけに相談するやりかたである（ウォンはレコード業界で働く友人、次いで父親に電話をかけた）。もうひとつは、全員にいっせいに質問を投げかける方法である（ウォンはライターなど出版業界の知人・友人にいっせいにメールを送った）。テクノロジーを活かせば後者も簡単である。一例として、わたしたちの間接的な知人にあたる女性が最近、初回の就職面接でいきなり給料の話題を持ち出すのは適切かどうか、知りたいと考えた。そこで彼女はリンクトイン上でアンケートをとった（次のページを参照）。ここにあるような一般的で幅広い問いは、いっせいメールやソーシャルネットワーク上でのアンケートに適している。経験者がたくさんいて、給料について交渉した際のエピソードを紹介してくれるので、大勢による幅広い視点に接することができる。しかも、このように広く質問を投げかけると、それをきっかけに会話が生まれる。つまり、いくつもの視点が得られるばかりか、異なる視点がぶつかることによる相乗効果も引き出せるのだ。

特定の相手にじかに質問する

とはいっても、多くの質問はプライベートな性格が強かったり、専門的すぎたりして、大勢に投げかけるにはふさわしくない。このような場合は、慎重に選んだ数人だけに相談するのがよいだろう。たとえばわたしとベン・カスノーカはこの本の版元を探していたとき、ソーシャルネットワーク上で相談したわけでも、アドレス帳に載っている全員にメールを送ったわけでもない。それよりも、本を出した経験があるとか、出版業界で仕事をしているとかいった条件

初回の面接で給料の話題を持ち出してもかまわない？

サラ・K・ペニントン　１０４３件の投票　残り８日

・もちろんかまわない

・状況による

・ふさわしい話題ではない

投票　または　結果を見る

コメント　　コメントをフォローする

ドン

話の流れに合わせるべきじゃないかな。その働き口に自分が何を期待しているかをそれとなく伝えて、求める答えを引き出せるように会話の流れを持っていく必要があるだろう。これが得意な人もいるし、率直な質問しかできない人もいるだろう。

およそ18時間前　フラグ

投票内容　状況による

ケビン

ミンウェイ・フンの意見に賛成。調べる責任は職探しをする側にあるはずだ。そのためにネットワークがあるわけだし(その好例がリンクトインだ)。給料水準は業界、地位、勤務地によって決まる。銀行のマネジャーでも、ボイジ勤務の人はニューヨークの人より給料が低いだろうけど、働き口としてはボイジのほうがいいかもしれない。自分でよく調べたら。希望する給料を出してくれない会社の面接に行って時間をムダにするのはやめるんだ。給料を質問すると何を失うかを心得ておいたほうがいいよね。面接は、その会社にとって自分がどれだけ価値があるかを売り込む機会だから。その会社、ライバル会社、業界についての知識も売りにしないと。

およそ19時間前　フラグ

投票内容　ふさわしい話題ではない

ばかりである。

で絞り込みを行い、5人くらいの知り合いにアドバイスを求めたのだ。彼らはその道の専門家

あなたもきっと、すでに直感的にこれと同じことを実践しているだろう。経済がほんとうのところどうなっているのかをうまく説明してくれる、頼りになる友人がいるかもしれない（わたしにはピーター・シールがついている）。あるいは、人間や感情の機微《きび》をとてもよく理解していて、対人関係についてアドバイスをくれたり、問題解決を助けてくれたりする知り合いがいるかもしれない（ベン・カスノーカにはスティーブン・ドッドソンがついている）。誰でも、特定のテーマについてアドバイスや情報を求める相手がいる。それなのに、仕事に関係するさまざまな判断をめぐっては、誰に知恵を借りればよいか心当たりのない人もいる。

これについて考えるには、手始めとして知り合いを以下の3つのカテゴリーに分けるとよい（同じ人が複数のカテゴリーに属する場合もある）。

1　**専門家**。彼らは、個別のテーマに非常に詳しいその道のプロである。給料の交渉について知りたいことがあるなら、数え切れないほどの契約交渉をこなしてきた弁護士の友人に聞いてみよう。

2　**自分をよく知る人。**母親や幼なじみなど。こうした人々は業界の最新動向には詳しくないかもしれないが、あなたの優先事項、性格、生い立ちやこれまでの人生についてよくわかっているはずだ。混乱や戸惑いから抜け出すうえで力になってくれるほか、時には、決断から生じるさまざまな結果をあなたがどう受け止めるかを、直感的に見抜くことさえできるだろう。

3　**切れ者。**何かの専門家でもなければ、あなたを深く理解しているわけでもないかもしれない。しかし、研ぎ澄まされた分析力が役に立つ場合もあるだろう。少なくとも、切れ者の第三者からは、ほかのどんな意見ともまったく異なる言葉が聞けるかもしれない。

人脈を活かして情報を得たい場合や何かの決断を迫られているときは、ふつう、まずはその分野の専門家、次にごく近しい人に相談するとよい。それでもまだ納得がいかなかったり、別の視点を望んだりするなら、客観的な立場の切れ者を頼ろう。アイリス・ウォンは、自分と同じような業界で長年の経験を持つ友人に相談したあとではじめて、父親に意見を求めた。たとえばあなたがホスピタリティ関連の仕事をしたいなら、幅広い選択肢を見つけ出すために、何人かの業界関係者に当たってみよう（相手があなたをよく知っているかどうかは問わない）。

業界専門家を紹介してもらうために、知り合いのつてをたどる必要が生まれるかもしれない（これについては第4章を読み返してほしい）。そのうえで親しい仲間と話し合い、選択肢を優先順位づけしてどれが自分にいちばん合うかを判断する助けをしてもらおう。

幅と深みのある人脈を持っていれば、幅のある人と深みのある人、両タイプの相談相手がたくさんいるはずだ。幅広い人脈には、業界、地域、世代、経験、支持政党などが異なる人々が含まれていることを、頭の片隅に置いておこう。これだけの多様性があれば、（2次、3次のコンタクトも含めると）数多くの分野の専門家がいるはずである。他方、深みがあると、自分をよく知る人たちとの親しい関係を保つことができる。

ソーシャルネットワーク上ではこれがいっそう容易である。知り合いについての情報も、彼らが持つ知識についての情報も、いつも最新の状態であるため、特定の相手に楽に効率よく連絡をとれる。一例としてリンクトインでは、知り合い全員のなかから、特定の業界で働く人や特定の地域に住む人を探し出すことができる。

この本の草稿を誰に読んでもらおうか思案していたとき、わたしたちが真っ先に行ったのは、リンクトインでの検索だった。「著者」というキーワードでわたしの1次コンタクトを検索したら、専門家でしかも仕事上の面識もある相手が何人か見つかった（このように、キーワード検索で見つけてもらいやすいのも、仕事関連のプロフィールを詳しく書いたほうがよい理由のひとつである）。わたしはこれとは別に、「ロックスター」とタグづけした人々の情報を参照した。経歴とは無関係に、飛びきり賢い人たちにこのタグをつけてあったのだ。ベン・カスノーカも同じように自分の人脈を探り、わたしたちは少数の知り合いに草稿への意見を求めた。

気の利いた質問をしよう

シャーリーン・ベグリーは20年以上もGE（ゼネラル・エレクトリック）に勤務し、監査、航空機エンジンの設計、家電製品、機関車といった部門を渡り歩きながら、昇進の階段をのぼってきた。現在は本社の上級幹部の地位にある。ふつうでは考えられないほど多種多様な分野で実績をあげてきた秘訣を問われて、ベグリーはこう答えている。「あらゆる環境において、できるだけ速く、できるだけ多くを学ばなくてはなりません。そしてすぐに成果を出す必要があります。……秘訣というほどのものはないですよ。とにかくたくさんの問いを投げかけることでしょう」（原注5）

気の利いた質問をたくさんすることは、情報網をうまく活かすコツでもある。「当たり前だろう」と思うかもしれないが、もし有益な答えを引き出す質問をしなかったなら、何にもならない。

以下に質問上手になるためのヒントを示そう。

●**一方的に質問するのではなく意見を交わそう**。活発なやりとりこそが何より有益な知恵を生む。助言者《メンター》や明らかに目上の相手に対しては、質問ばかりを投げかけてもかまわないし、先方でもそれを期待しているかもしれない。ただし、仲間や同輩と話をする際には、実り多い会話にするために自分の意見を述べることだ。こちらから知恵や情報を提供すると、相手は恩に着るだろう。だから、「有益な情報をできるだけたくさんほしい」と思っても、インタビュアーのようにひたすら質問するだけではまずい。対等な、ほんとうの意味での情報交換をしよう。そうすれば、長い目で見たときにより豊かな情報をやりとりできるだろう。

●**広い質問と狭い質問を使い分ける**。この2種類の簡単な例を示そう。建築家に「建築に関心がある人にとって、大学院に進むのはどれくらい大切なことでしょうか」「コーネル大学院の建築学科はどれくらい評価されているのでしょうか」と聞く場合を比べてみよう。幅広い質問をすると、「高い学費を払って大学院に行ったのに、仕事の前途は開けなかった。話が違う!」という怒り混じりの言葉が延々とつづくかもしれない。片や、的を絞った質問をすると、たいていは事実にもとづきながら、余計なことを省いて知りたい点だけについて具体的な答えが返ってくる。「コーネル大学院は建築分野でトップ10に入る」というように。判断の基準を見つけたいなら幅広い質問を、どの選択肢をどれだけ重視すべきかを知りたいなら狭い質問をしよう。たとえば、まずはその分野の専門家に「かくかくしかじかの機会のメリットとデメリットを見極めるには、何について考えるべきでしょうか」と聞いてみよう。判断基準を絞り込んだら、次に、親しい人を含む少数の相手に具体的な情報を求めるとよい。

●質問の建て方や意図の伝え方を工夫する。質問の建て方や意図の伝え方によって答え方が変わってくることは、無数の調査からもわかっている。このため、最高の知恵を引き出すには、同じことについていくつか違った聞き方をするとよい。まず「わたしは○○社に入社しようとしているのですが、あなたがこの会社に勤務していたときにあげた会心の成果上位3つを教えてもらえますか」と質問し、次に同じ人に「あの会社に勤務中にやっておけばよかったと思うこと3つを挙げてもらえますか」と水を向けよう。「しなかったこと」「しておけばよかったこと」という否定形を使った質問をすると、いっそう役に立つ答えを引き出せるだろう。後悔するような出来事について考えると、誠実さに根差した有用なひらめきが得られるのだ。相手をうまく誘導するには、こちらがどういった答えを期待しているかを、いくつかの具体例をとおして伝えるのも一案だろう。「建築の大学院に入るメリットとデメリットは何でしょう。たとえば、建築家の知り合いを増やせるといったメリットがあるでしょうか？」というように。有益な答えのタイプを示すと、期待どおり具体的な返事を引き出せるだろう。

●**聞きっ放しではなく掘り下げよう**。一度の質問で相手からとっておきの知恵を引き出せる例は少ない。聞きっ放しではなく、相手が含みを持たせた点を掘り下げよう。仮に誰かが「マイクロソフトに勧めるのは危ない」と言ったら、「『危ない』とはどういう意味でしょう」と尋ね、「雇用があまり保障されていないんだ」という言葉が返ってきたら、「あまり」という表現の意図を確かめよう。より深い答えが見えてくるまで掘り下げるとよい。なかには、「何も知らないと思われるのではないか」という理由から、いくつも質問を重ねるのをためらう人もいるが、そんな心配は無用だ。むしろ、「貴重な情報をとことん追い求める、知的好奇心の強い人だ」という印象を持たれるだろう。

なお、覚えておいてほしいことがある。的を絞った詳しい質問ができるなら、すでに考えがかなりまとまっていてあと少しで答えにたどり着けるはずなのだ。複雑で解決しにくい、大きな心配ごとについては、具体的な質問の中身を考えるのが難しい場合もある。漠然と気になっていても、言葉にできないのかもしれない。仕事について何かが違うように感じるが、どうなっているのだろう……。たとえ悩みの種を的確に言葉に表せない場合でも、人脈は貴重な知恵袋の役割を果たしてくれる。ただし、そのためのプロセスは通常より込み入ったものになる。漠然としている、あるいはつかみどころのない心配ごとについては、一人ひとりに個別に相談して、時間をかけて会話するなかで少しずつ問題を解きほぐすよう努めよう。

偶然の幸運《セレンディピティ》を活かして情報や知恵を手に入れる

第5章で書いたように、セレンディピティが訪れるのは動き回っているとき、何かをしているときである。これと同じく、偶然の幸運によって人脈から知恵が得られるのも、人々を巻き込んだ場合だ。みんなから真っ先に思い出してもらえるよう連絡を絶やさずにいると、誰かが、あなたに関係のありそうなメールを転送してくれるかもしれない。パーティー、あるいは気軽なランチの場でさえも、有益な情報が耳に入ってこないともかぎらない。こうした耳よりな情報が偶然に入ってきやすいからこそ、テクノロジー系のスタートアップは、競争が激しく、人材、経営資源、注目を集めにくいにもかかわらず、シリコンバレーに拠点を置くのである。

セレンディピティを引き寄せる秘訣があるのと同じく、偶然の成り行きによって耳よりな情報を手に入れるのにも秘訣がある。そうしたチャンスが訪れたときのために、多くの人に向きそうな質問をいくつか用意しておこう。たとえば、「この数カ月であなたが知ったいちばん面白いことは？」といった幅広い内容でもよい（経済学者のタイラー・コーエンは、わたしに会うたびにこう問いかけてくる）。あるいは、「僕が投資すべき、すごい起業家やスタートアップを知らない？」とズバリ聞くのもありだろう（わたしは起業家の集まりに参加したとき、ざっくばらんな会話のなかで必ずといってよいほどこの問いを持ち出す）。このような質問から何が飛び出すかはわからない。もしかしたら、心躍る何かに結びつくかもしれない。

　最近では、偶然の幸運によって知恵や情報が手に入る機会が、ネット上で次々と生まれている。リンクトインやフェイスブックで知り合いの投稿に目を通していると、特に何かを探しているわけではなくても、自分の業界についての興味深い記事が見つかるかもしれない。あるいは、かつての同僚が自分の入りたい会社に転職したり、「一緒に組みたい」と思うような会社を友人が興したりしたことが、わかるかもしれない。

　そのうえ、アマゾン、リンクトイン、ヤフー、フェイスブック、イェルプ、グーグルほか、ネット上の「入口サイト」（ジンガのマーク・ピンカスＣＥＯによる表現）にログインしておけば、自分に合った情報を集められる。ＣＮＮ．ｃｏｍを訪問すれば、フェイスブックで友人が紹介していた記事を参照できる。『フォーチュン』誌が選ぶ「働きやすい会社ベスト１００」を眺めると、社名の脇には、リンクトインで自分のネットワークに含まれる人々（３次までのコンタクト）のうち誰がその会社に勤めているかが一覧表示される。つてのある会社を見つけやすいわけだ。ソーシャルウェブ上では、信頼できる知り合いが情報の目利き役を果たしてくれる。名前もわからない記者やコンピュータ・プログラムの処理手順が、何百万もの読者に「これが重要です」「あなたにふさわしいでしょう」と情報を示すのとはわけが違う。

なお、面白い情報を知り合いに紹介すると、自分のところにも掘り出し物の情報がめぐってくる可能性が高くなる。記事の投稿、引用メールの配信、求人情報の転送といったかたちで、自分の人脈に属する人々にささやかな贈り物をしよう。これに感謝した友人が後から同じようにして、今度はあなたに情報を届けてくれるだろう。

情報をまとめて、行動につながる知恵を引き出す

キャサリン・マクスウェルはファイナンスや国際投資銀行業務を10年経験したあと、単調な仕事から逃れたいと考えた。金融業界には、ひとつの案件を終えるそばから次々と案件を探すのが当然だとする風潮があった。マクスウェルにしてみれば、それらの取引が世の中をよくするのに役立っているのかどうか疑問だった。もっと有意義な仕事をしたかった。目的ある仕事をしたいという思いは特別なものではないが、それを収入に結びつけようとするのはハードルが高い。友人たちからは、ビジネスの世界での経験を非営利分野に活かしてはどうかと言われ

た。本人も興味をひかれたが、金融の世界を離れて、フルタイムで働いた経験がなく人脈も乏しい分野に飛び込むのは、無謀なように感じられた。

このような場合、あれこれと考え込んでしまう人が少なくない。こうした岐路にさしかかると、賢い人々はともすれば分析に溺れ、どうしたらよいかわからなくなる。だがマクスウェルは「この問題はひとりでは解決できない」と自覚していた。

そこでさっそく、投資銀行業務をとおして知り合った弁護士ヘイル・ボッグスに電話をした。ボッグスはマクスウェルをよく理解していた。大志を抱く一方、根は慎重なタイプだとわかっていたのだ。そこで、まずは既存の非営利組織で働いていくらか経験を積み、それから望みどおりの成果を上げられるような組織をつくればよいと助言した。マクスウェルはこの助言に従い、赤十字のような定評ある団体での職を探しはじめた。

これと並行してボッグスは、友人でベンチャー・キャピタリストのティム・ドレーパーをマクスウェルに紹介した。「ドレーパーなら、地元の非営利組織での働き口に心当たりがあるだろう」と考えたのである。予想どおり、ドレーパーは素晴らしい働き口を知っていた。しかも、自身の組織である。この数年前にドレーパーは、メンロパークにあるベンチャー・キャピタル（VC）の1階に、ビズワールドという小さな組織を設けていた。設立趣旨は、世界中の小学生に起業についての授業への関心を広めること。これは力強いビジョンだが、本人は忙しすぎて時間がなかった。そこでマクスウェルに、ビズワールドのＣＥＯ（最高経営責任者）への就任を求めた。

マクスウェルは設立趣旨に強く心を動かされた。ビジネス、個人向け融資、起業。これらはみな彼女の情熱を掻き立てた。そのうえ、既存の小さな組織を率いるのであれば、自分で組織を興そうとしたときに思い描いていたのと同じ責務を担いながら、実務を学ぶことができる。ただし、不安の種がひとつあった。たったひとりの創業者兼出資者であるドレーパーとうまくやっていく必要があったのだ。

起業家は誰かを雇おうとするたびに、相手について入念に調べ、推薦者に問い合わせをし、本質を詳しく知る努力をしている。プロフェッショナルとして働く人もみな、仕事上で何度となくこれを実践するはずである。人脈を持っていれば、自分が仕えようとしている相手、つまり、自分の上司になりそうな人物についても、いろいろと探りを入れることができる。上司、組織、仕事で手を組むかもしれない相手、採用を検討中の人材など誰が対象であれ、身元を調べる際にはほかのすべてに勝る情報源がある。知り合いである。彼らは、能力や人柄について率直でこまやかな分析をしてくれる。これは、履歴書、グーグル検索、ウィキペディアからは得られない情報である。マクスウェルはこの点を心得ていたから、自分の人脈を活かしてドレーパーについてできるかぎりのことを調べた。シリコンバレーの起業家、ＶＣ関係者、サービス企業など、ドレーパーと同じ分野の専門家たちにメールで問い合わせをした。ドレーパーをよく知る人、よくは知らない人、両方に意見を求めた。彼に好意的な意見を述べそうな人だけでなく、「きっと批判的だろう」と思われる人にも質問を投げかけた。マクスウェルは、情報網から知恵を引き出すプロセスについてこう語ってくれた。「ネット上には当時、ドレーパーについての情報はあまりなかったわ。新聞や雑誌の記事も、わたしが求めていたような人となりに踏み込んだ内容ではなかった。だから、電話やメールで大勢の人に同じ質問をしたわけ」

情報網から得た感触をもとに、マクスウェルはドレーパーとビズワールドでの職に好印象を抱いた。こうして2003年3月にビズワールドにディレクターとして参画した。新天地では事業をうまく再起動させ、使命《ミッション》を明確にし、講座とスタッフを増やした。ほぼ10年が経過したいまも彼女はビズワールドの仕事を満喫し、事業パートナーのドレーパーとも強い絆を保っている。投資銀行にいたときよりも、「仕事をとおして世の中を変えている」という実感を得ている。

このエピソードに関して興味深いのは、多方面からの情報をひとまとめにしなかったなら、マクスウェルは決してビズワールド入りを決断しなかっただろうという点だ。ヘイル・ボッグスに相談しただけだったら、おそらく赤十字に転職していただろう。ティム・ドレーパーについての情報を集めなかったなら、見ず知らずの人と一緒に仕事をするのはリスクが大きすぎると判断していたかもしれない。だが、さまざまなルートからの情報を総合したところ、全体像が見えてきた。そしてその全体像をもとに、最終的に正しい判断にたどり着いたのである。

●
●
●

すでに述べたように、NOAA（国立海洋大気庁）の科学者たちが津波についての予測を行う際にも、海洋上にあるひとつのセンサーからの情報だけでは足りない。判断をくだすには、（1）大西洋や太平洋に散在する多数のセンサーから測定結果を収集し、（2）届いた情報をそれぞれ分析し、（3）いくつもの情報源からのデータをまとめて全体像をつかむ必要がある。

これまでのところは第1ステップ、つまり人脈上の多数の人から情報を得る作業について説明してきた。情報が集まったら、次のステップではそれぞれの情報の妥当性や有用性を分析する。両親や親友を含めて、誰にでも偏りがあることを覚えておいてほしい。べつにあなたを都合よく操ろうとしているのではない。個人的な体験や自分の利益をめぐっては、どうしても見方が偏ってしまうものなのだ。偏りや先入観ははっきりそうとわかる場合とそうでない場合、意識的な場合とそうでない場合がある。新規採用者を紹介して会社からボーナスをもらおうと考える友人は、自分の勤務先に応募するよう熱心に勧めてくるだろう。こうした偏りは見えやすく、どちらかというと害も少ない。しかし、自分と同じようなキャリア選択を強く勧めてくる人がいると、この偏りは当人にもあなたにもわかりにくく、そのせいでやや危ういといえる。いろいろな人から情報やアドバイスをもらう際には、相手の目標、野心、経験がどうその人の立場に影響しているかを考えよう。偏りや先入観があるからといって、情報やアドバイスをいっさい無視する理由にはならない。分析の際に考慮しさえすればそれでよい（前出のアイリス・ウォンは同僚からのアドバイスについて、理にかなった批判なのか、それとも心配しすぎなのかを考えた）。

すべての情報やアドバイスをまとめるというのは、大切な仕上げのステップである。一歩下がって全体像を見ないことには、カクテルパーティーの会場を歩き回りながらいくつもの会話を聞きかじったものの、意味ある情報は得られなかったような気分になるだろう。情報やアドバイスを全体としてまとめるには、相反するアドバイスや情報をすり合わせ（多様な人々に頼るならこの手順は欠かせない）、まったく的外れだと思う情報を無視し、各人からの情報に異なる重みをつける、といった作業が伴う。これは知識や判断を要する複雑なプロセスである。さしあたっては、**情報をうまくまとめれば個の総和をはるかに上回る価値が得られる**とだけ述べておきたい。

キャサリン・マクスウェルが非営利組織の興し方について人脈内の人々に意見を求めたとき

は、「自分で組織を立ち上げる前に、既存組織で経験を積んではどうか」とアドバイスを受けた。もっともな意見だったから、マクスウェルもこれに従おうと考えた。そこへ、人脈を介して、設立まもないが半ば休眠状態だった非営利組織を活性化させる機会が舞い込んだ。信頼する友人が語っていたように、赤十字のような伝統ある組織では十分な経験は積めないだろう。しかし、自分で組織をつくった場合と同じくらいの権限を既存組織で振るえるなら、経験を積むことができるはずだ。「赤十字に勤務してはどうか」というもともとのアドバイスを完全に無視したわけではない。別の機会とともに検討の対象にしたのだ。これが総合的に考えるということである。

●
●
●

情報網から優れた知恵を引き出すのは容易ではない。本やブログは誰でも読める。勤務先や家の近所の人と思いつきで言葉を交わすのも、誰でもできることだ。ところが、多彩なテーマのそれぞれについて、意見を聞くべき相手を特定し、できるかぎり有益な答えにつながりそうな質問を投げかけ、答えを意味ある知恵へとまとめあげるとなると、そう簡単ではない。情報網の活用には高度なテクニックが要る。これに秀でれば競争上の強みになる。

結局のところ、価値ある機会かどうか、プランＢへの方向転換は必要かどうか、この人物は信頼できる味方かどうかなど、判断の適否を最終的に見極めることは、あなたにしかできない。「人脈力」とは、人脈を大切にすれば方向性を決めてすみやかに動く助けになることを意味するが、これを実行するかどうかはあくまでもあなたしだいである。

自分に投資をしよう

明日すること——

- リンクトインのニュースフィードを調整して、最も有益な情報が表示されるようにしよう。どういった最新情報を得たいか、情報の種類を選ぼう。シグナル機能（linkedin.com/signal）を利用して、関心あるトピックについて検索条件を指定しよう。
- （あなたがツイッターを利用しているなら）フォローすべき相手に漏れがないだろうか？リストを確認して、必要に応じて追加や削除を行おう。

来週すること――

●さまざまなトピックについて信頼できる相手を割り出そう。知り合いを特定分野の専門家、自分をよく知る人、専門性はないがとても聡明な人の3つに分類してみよう。テクノロジーに関して聞きたいことがあるときは、誰が頼りになるだろう? 仕事仲間との人間関係についての相談は誰に持ちかけるだろうか?

●いま最も気になっている2、3のテーマについて質問を書き出そう。そのリストをいつも携行し、会話のなかで持ち出せるようにしておこう。

●メーリングリスト、ブログ、ツイッター、リンクトイン、フェイスブックなどで毎週ひとつずつ記事を紹介しよう。知り合いに興味深い情報を提供すると、相手からも貴重な情報をもらえる可能性が高くなることを、頭に入れておこう。

来月すること――

●これから数週間にランチミーティングの予定を3つ入れよう。同じ業界で自分より数段仕事のできる人、しばらく会っていない旧友、周辺業界で素晴らしいキャリアを歩む憧れの人とそれぞれ1回ずつ。いまのところは仕事上で差し迫った課題や質問を抱えていなくても、これは実行しておこう。急を要さない一般的な話題について聞くとよい。熱心な意見交換からは時として、思いがけず素晴らしい知恵や情報がもたらされる。

●何かのテーマについて、ほかの人々にとって頼れる人間になろう。ブログやメール、ディスカッション・グループなどをとおして、人脈内の人々に自分の興味対象や得意な技能を知ってもらおう。情報を当てにされれば、こちらも相手から情報や知恵を引き出すことができる。

おわりに

わたしたちは生まれながらの起業家である。

しかし、だからといって起業家のような人生を約束されたわけではない。本能や直感は育てなくてはならない。潜在力は開花させなくてはいけない。どんな仕事をするにせよ、人生の方向性を自分で決め、起業家的な技能を活かすことはできる。問題は意欲があるかどうかである。いまの世の中ではその意欲が求められる。わたしたちは、変化と競争の激しい、複雑に絡み合った経済環境のもとで暮らしている。変化と不確実性が絶えないから、これまでのキャリア戦略は役に立たない。キャリアのエスカレーターはいつも混み合った状態である。雇用主と働き手の約束は白紙になりつつある。チャンスをめぐる競争は熾烈《しれつ》をきわめている。

「自分のスタートアップ」というときの「自分」は、「自分たち」という意味を併せ持つことを覚えておいてほしい。この本では、新しい現実に順応するための個人向けの戦略をいくつも紹介してきたが、人脈を大切にするとその効果が倍増するのだ。人脈力をテコにすれば、生き残りと繁栄が可能になる。グローバルに活躍するプロフェッショナルは、頼りになる人脈を持ち、それを仕事に活かしている。これまで述べてきたように、仲間は、競争上の強みを伸ばすほか、ＡＢＺプランニングを実践する、飛躍へのチャンスを追求する、賢くリスクをとる、情報網を活かすなど、さまざまな面で手を差し伸べてくれる。自分の仕事をコントロールすることは絶対に必要だが、知人や友人の仕事に力を貸すことも欠かせない。人脈内で助け合うのである。

あなたの仕事の可能性は、自分や人脈だけでなく、まわりの環境、つまりあなたが暮らす社会のあり方によっても決まる。現地の風習、制度、人々のあいだに、起業家らしい生き方を育む風潮がないなら、この本で紹介した戦略は本来の威力をほんの少ししか発揮しないだろう。

不健全な社会で会社を興そうとする起業家は、水やりをしてもらえない種子のようなもの。どれほど才覚があったとしても、事業を繁栄へと導くことはできないのだ。ウォーレン・バフェットはいみじくも、「わたしをバングラデシュやペルーなどに連れて行けば、不適切な環境のなかでは才能が活きないことがわかるはずだ」と述べている。バフェットの会社バークシャー・ハザウェイがアメリカで事業を行っているのは、優れた制度、法規制、信頼、リスクを許容する風習など、無形の美点を持った国のほうが、事業機会が豊富だからである。そして、ウォーレン・バフェットが有望な機会を手にすれば、社会の全員がその恩恵に浴する。土壌は肥沃《ひよく》になり、他の人々はその栄養分を吸収して創造性を花開かせる。だからこそ、見識の高い企業は利益を追求しながらも、望ましい社会の実現につながるような事業目的を掲げるのだ。地域社会をじかに支援するために時間やお金を使うのも、同じ理由からである。リンクトインは、従業員が地元の非営利団体でボランティアをするときは有給休暇を与えている。このような慈善活動は世の中のためになり、しかも会社の業績に貢献する。会社は、見込み客を含むお客さまとのつながりを深め、社員との絆も強められるのだ。

社会の健全性は、各人の仕事にも影響をおよぼす。あなたが暮らす社会が、極度に貧しいとか、サービスやインフラが充実していない、信頼に欠けるといった欠点を持つなら、素晴らしい仕事人生を送るのは難しい。たとえばデトロイトのような荒廃した都市では、好ましい働き口は少ない。仕事の機会が最も多いのはどこか、という以外にも考えるべきことはある。健全な社会のほうが、情報の共有、グループ活動への参加、プロジェクトでの協力などが活発に行われるだろう。これらはみな、やがてあなたとあなたの後につづく人々に、仕事上でより大きな機会をもたらす。

どこで暮らし、働くかを、慎重に考えよう。そして、「ここ」と決めた地域の向上に寄与しよう。といっても、マザー・テレサのようになる必要はない。社会に尽くすには、自分の利益にじかに関係しないことを年に1回行うだけでもかまわない。理念や大志に沿っていて、自分ならではのソフト資産とハード資産を申し分なく活かせること、つまり、競争上の強みを活かせることをやろう。社会の改善を体系的に、しかも大がかりに行おうとする組織に関われば、なおさら好ましい。キヴァは、貧困をやわらげるために、世界のそこかしこで小口融資を実現しつつある。エンデバーは新興国における起業家精神の増進を図っている。スタートアップ・アメリカは全米の起業家を支援している。わたしはこれら3団体の役員を務めている。

わたしとベン・カスノーカにとっては、この本も社会へのお返しのひとつである。わたしたちは、ここで紹介した発想や手法があなたの人生と社会の向上につながると信じている。ときとして、大切なアイデアを広めるだけでも世の中へのお返しになるのだ。

もちろん、これを実行するなかでは、人々から称賛されて晴れやかな気分になるかもしれない。企業が慈善活動を行い、メディアで紹介されるのと同じように。ただし、「世の中へのお返し」はそれ以上の意味合いを持っている。先人にならって、これからの世代のために望ましい環境づくりをするのだ。これは正しい行いである。

自分への投資、人脈への投資、そして社会への投資をしよう。これら3つすべてに投資をすれば、プロフェッショナルとして持てる力を最大限に発揮できる可能性がきわめて高い。同じくらい大切な点として、世の中を変えられる可能性もきわめて高い。

最後にひとつ述べておきたい。起業についての本、講演、記事では、商売の大切なルールを明かすのは素晴らしいことだとされている。だが皮肉にも、卓越した起業家は既存のルールに挑むし、「専門家」の言葉すべてに耳を傾けるわけでもない。彼らはむしろ、自分の流儀や経験則を見つけ出す。何といっても、市場で異彩を放つためには、右へ倣《なら》えを避けるほうがよい。

キャリア本もやはり、「専門家」のルール満載のものが多い。言うまでもなく、プロフェッショナルとして働く人々の大半は、「自分の仕事人生をスタートアップと同じように舵取りしよう」という言葉の意味を理解していない。この本で紹介してきた手法を実践すれば、あなたは有利になるはずだ。ただし、これら手法は、自然の法則のようなものではなく指針としてとらえよう。何かをうまく行うためには、時としてルールを破ることになるだろう。競争相手の先を行くために、新しいルールを編み出す場合もあるだろう。この本をとおしてみなさんに伝えたい大切なメッセージのひとつは、あなたも、まわりの人々も、世の中も変化しているから、状況に応じて手法や作戦を進化させなくてはいけないということだ。

だから、人脈づくりに乗り出そう。技能の向上に取りかかろう。賢くリスクをとりはじめよう。飛躍へのチャンスを追求しはじめよう。何より、ほかの人と違うあなたならではのキャリアプランを立てはじめよう。この本で紹介したルールを、状況に順応した生き方にふさわしく応用するのだ。

新しい挑戦を絶えず重ねていくのが、「永遠のベータ版」としての人生を歩む秘訣である。

スタートアップとはつまり、あなた自身のことである。

リード・ホフマン、ベン・カスノーカ
www.startupofyou.com/start

わたしたちとつながろう

本書の公式サイト www.startupofyou.com/start には、自分に投資をして人脈を豊かにし、仕事人生を変えるのに役立つ情報や、高度な手法を載せてある。このサイトをとおして、「永遠のベータ版」として生きるプロフェッショナルたちと知り合うこともできるはずだ。彼らは、アイデアを行動に活かし、知識を実践につなげる助けをしてくれるだろう。

●●●

公式サイトの主な独自コンテンツは以下のとおりである。

1　無料ＰＤＦ。この本で取り上げた手法のいくつかをリンクトインを使って実践できるよう、高度なテクニックを紹介する。

2　各分野の一流経営者のインタビュー動画。シェリル・サンドバーグ、マーク・ピンカス、伊藤穰一らが、これまでの仕事人生を振り返り、そこで得た教訓について語る。

3　本書の特別要約版。大切なポイントすべてを要約して、共有しやすいフォーマットにまとめてある（知り合いへの〝ささやかな贈り物〟に打ってつけだろう！）。

本書の公式ツイッター・アカウントは@startupofyouである。ABZプランニング、人脈、競争上の強みほか、本に出てきたアイデアについてつぶやくときは、#startYOUというハッシュタグを添えてほしい。ツイッター上の素晴らしい質問、意見、アイデアは推薦したり、返信したりするつもりである。

ネット上で会いましょう！

謝辞

本を書くには人のつながりが欠かせない。本書の編集に鮮やかな手腕を発揮し、1年以上ものあいだこのプロジェクトの価値を熱心に説いてくれたタリア・クローンに、心から感謝したい。リサ・ディモナは、最初から鋭い助言と励ましをくれた。ブレット・ボルコウィはリサーチと内容の充実を助け、全体をまとめるという重要な仕事に貢献してくれた。ピーター・エコノミーとジョシュ・ミトラニはリサーチと編集支援を担ってくれた。ヴォン・グリチュカは章扉のイラストを書いてくれた。

この本の執筆をとおして、幸いにも親しい知り合いの何人かと一緒に楽しく仕事をする機会が得られた。だが残念ながら、物理的な制約があったため、大切な知り合い全員と仕事をするわけにはいかなかった。だから、わたしたちとつながるすべての人たちにお礼を述べるべきだと感じている。この本で披露したアイデアは、みんなの助けを得ながら練り上げたものだからだ。なかでも、若いころに時間という贈り物と知恵を授け、わたしの人生を変えてくれた３人の恩師にとりわけ深い感謝を捧げたい。パトニー・スクールのリサ・コックス、トム・ウェッセルス両先生には、社会に役立つ知識を培えるよう道すじを示してもらった。スタンフォード大学のジョナサン・ライダーにはその道を広げてもらった。

リード・ホフマン

本書の執筆を支援してくれた多くの人々に感謝したい。とりわけ、ジェシー・ヤング、スティーブン・ドッドソン、クリス・イェー、キャル・ニューポートの厚意に深い謝意を。両親にはこれまで受けた恩義すべてに心からの「ありがとう」を。

ベン・カスノーカ

訳者あとがき

この本の書き手やここに描かれた人々には、「キラキラしている」という言葉がぴったりだ。いったい何が輝いているのだろう。富、成功、それとも名声？　いえいえ、輝いているのは「生き方」である。年齢、性別、職業はまちまちでも、彼らはみんな逆境に負けないどころか、それを跳躍台にしてしまうほどのしたたかさと、環境の変化に順応するしなやかさを持ち合わせている。そして、いつも前向きに、ひたむきに生きている。

ページをめくっていくうちにあなたが出会うこうした人々は、シリコンバレー流の自己実現をつづけている。つまり、自分の人生に〝スタートアップの発想〟を取り入れているのだ。この「スタートアップ」という言葉、「新しいことを始める」という意味もあるが、ここでは主に「新興企業」や「起業」を指している。だから、自分の人生にスタートアップの発想を取り入れるとは、伸びざかりの企業やその創業者（起業家）たちの発想から学び、それをお手本にして生きるということである。

シリコンバレーといえば、アップル、グーグル、フェイスブックなど、今をときめく花形企業の数々が本拠を置く、イノベーションや起業の聖地。そこで活躍する企業や起業家は、遠い存在に思えるかもしれない。その発想がはたして、会社を興すわけでもないわたしたち日本人に役に立つのだろうか？

みなさんもきっとご存知のように、いまの日本は就職難。しかも、少し前までの人気企業の業績がふるわず大がかりな人員削減をしているくらいだから、うまく就職したとしても、定年までその会社にいられるとはかぎらない。ある日突然、会社が英語を公用語にしたり、アジア企業に買収されたりしたら？　そのうえ、ダメ押しをするかのような年金不安……。

この本を読み進めていくとわかるのだが、同じような状況はアメリカでも起きている。けれどシリコンバレーの人たちは、「安定」を前提とせずに、いまの仕事がうまくいかなかった場合への備えをしながら、自分の夢や目標に向けてたくましく挑戦をつづけている。たとえ「成功した起業家」であっても、挫折を知らない人は少数派だろう。実際この本では、七転び八起きの精神や打たれ強さはなくてはならないものだとされている。

どれもみな、いまの日本に生きるわたしたちが見習うべきもののように思える。

この本ではまた、「目標を決めたら、あとは脇目も振らずにその実現に向けてひた走るように」というよく聞く〝常識〟とは違うアドバイスをしている。時代の変化が激しいから（シリコンバレーでは、3年は永遠にも感じられる長さだという）、同じ目標にいつまでもしがみついていたのではまずいことになる。だから、いつでも「次」の目標や、いまのプランが行き詰った場合の手立てを考えておくように、というのだ。その意味でこの『スタートアップ！』は、いまの時代に合ったまったく新しいキャリア本でもある。

著者のリード・ホフマンももちろん、この本が示す生き方を実践してきた。プロフェッショナル向けSNS、リンクトインの共同創業者兼会長を務めるかたわら、フェイスブックほか数々の成功企業の可能性に早くから目をとめて資金を投じた、超一流の「目利き」でもある。そんなまばゆいばかりの経歴や実績を誇るホフマンだが、実はここにくるまでには曲がりくねった道を歩んできた。迷い、つまずいたこともある。

カリフォルニア出身で生粋の〝シリコンバレーっ子〟であるホフマンは、もともとは学者の道を目指し、哲学などを学んでいたという。それがあるときからテクノロジー業界に関心を持ち、アップル、富士通での勤務を経て、ソーシャルネットというデートサイトの運営に乗り出した。このサイトはやがて閉鎖となるが、そこで落ち込み立ち止まるどころかたくさんの教訓を引き出し、オンライン決済サービスのペイパルの幹部としての仕事に本腰を入れる。そしてペイパルがイーベイに買収された直後にリンクトインを興し、投資や慈善活動にも力を入れている。

『スタートアップ！』は、興奮に満ちた仕事人生を支えてきた熱い思い、技能、人脈、幸運について、ホフマンが率直に語った本である。経験に裏打ちされているからこそ、とても説得力がある。それに、哲学を説く一方ではデートサイトやソーシャルゲームの仕事にも深い関心を寄せる、枠にとらわれないしなやかさからは、茶目っ気や親しみやすささえも感じられる。

共著者のベン・カスノーカも、シリコンバレーの申し子のような人物である。何と小学生のころに起業に関心を持ち、中学生で実際に起業し、その後、ソフトウェア会社を興して会長を務めている。これまでに中国、チリ、スイスに長期滞在したほか、25カ国以上を訪問しているという。そして、こうして本まで書いている！

シリコンバレー流自己実現の水先案内人を務めるふたりは、何とも素敵なコンビなのである。最後に、「わたしたちはみんな永遠のベータ版（未完成品）」というこの本で出会ったいちばん好きな言葉を紹介して、訳者あとがきを終えたい。わたしたちは、どんな状況でも、いくつになっても、今日を〝初日〟として新たなスタートを切ることができる。いつまでも伸びざかりでいられる。だから、もし辛いことがあっても前を向こう――。

この日本語版の関係者すべてとともに、読者のみなさんの幸せを祈って。

有賀裕子

Superconnect: The Power of Networks and the Strength of Weak Links

By Richard Koch and Greg Lockwood

「弱い紐帯《ちゅうたい》」について、この造語のもとになった研究の検証を含む深い考察を行っているほか、プロフェッショナルとして働く人々がソーシャルネットワーク上でのゆるやかな結びつきについて知っておくべきことも掘り下げている。

The Future Arrived Yesterday: The Rise of the Protean Corporation and What It Means for You

By Michael Malone

未来の企業はどんな姿をしているのだろう？ 著者によれば未来の企業は、新たな難題に対処するためにすぐさま組織を改めることによって、絶えず状況への順応を繰り返す「変幻自在な」性質を備えるのだという。ウィキペディアやグーグルなどの組織はこれに当てはまる。明日の職場を描いており、とても興味深い。

Streetlights and Shadows: Searching for the Keys to Adaptive Decision Making
By Gary Klein
よりよい判断をくだす方法について、直感に反する独創的なアイデアをいくつも紹介している。意思決定に関する多くの本とは違い、「情報が不十分で不確実性が高いなかで判断しなくてはならない」という前提を置いている。つまり、机上の空論ではなく世の中の実情に根差した内容なのだ。

『つながり』(ニコラス・A・クリスタキス、ジェイムズ・H・ファウラー著、鬼澤忍訳、講談社)
Connected: The Surprising Power of Our Social Networks and How They Shape Our Lives
By Nicholas Christakis and James Fowler
ふたりの社会科学者が、(すべてが完全に証明されているわけではないにしても) 幅広い研究をもとに、3次の隔たりまでのつながりは人間の心身に深い影響をおよぼすと説いている。3次の隔たりまでの付き合いから、わたしたちの人となりがわかるのだと。

Working Together: Why Great Partnerships Succeed
By Michael D. Eisner with Aaron Cohen
ディズニーのCEO (最高経営責任者) を務めた著者が、10組の著名なパートナーについて書いた本。本書でも紹介したスーザン・フェニガーとメアリー・スー・ミリケンのほか、ブライアン・グレイザーとロン・ハワード、ウォーレン・バフェットとチャーリー・マンガー、ビル・ゲイツとメリンダ・ゲイツなどを取り上げている。興味深いストーリーをとおして二人三脚の威力が伝わってくる。

Pull: Networking and Success Since Benjamin Franklin
By Pamela Walker Laird
著者は「自分ひとりの力で大成する人などいない」と言い、人脈力の意義に歴史的な深みを添えた。ベンジャミン・フランクリンのような偉人が多くの人の助けを借りて成功した様子を、見事に浮き彫りにしている。

『「PULL」の哲学』（ジョン・ヘーゲルⅢ世、ジョン・シーリー・ブラウン、ラング・デイヴソン著、桜田直美訳、主婦の友社）
The Power of Pull: How Small Moves, Smartly Made, Can Set Big Things in Action
By John Hagel III, John Seely Brown, and Lang Davison

ダイナミックな「知識の流れ《フロー》」から情報を「引き出す」のが、知識を手に入れる21世紀流のやり方だと、著者たちは主張する。この本では、情報を集めたり、チャンスをつかみとったりする活動の中心にソーシャルネットワークを位置づけていて、偶然の幸運《セレンディピティ》や情報網をめぐるわたしたちの主張を補完してくれる。

『小さく賭けろ！』（ピーター・シムズ著、滑川海彦、高橋信夫訳、日経BP社）
Little Bets: How Breakthrough Ideas Emerge from Small Discoveries
By Peter Sims
Adapt: Why Success Always Starts with Failure
By Tim Harford

この２冊は、ビジネス、政治、人生において実験的な試みを重ねていく手法を紹介している。企業も個人も、成果が出るまでに長い時間のかかる大がかりな賭けをするよりも、小さなリスクをいくつもとって、どれがうまくいくかを探るべきだというのだ。グーグルのエリック・シュミット会長はこれを、「時間あたりの打席数を最大化する発想」と呼んでいる。

『しあわせ仮説』（ジョナサン・ハイト著、藤澤隆史、藤澤玲子訳、新曜社）
The Happiness Hypothesis: Finding Modern Truth in Ancient Wisdom
By Jonathan Haidt

バージニア大学で心理学の教鞭をとる著者は、幸せについての最新の研究をもとに、とても興味深い知見を紹介している。ある章では、人間はチャンスをつかむよりもリスクを避けることに一生懸命になると書いていて、これはリスクとチャンスをめぐる本書の主張とも重なる。

『ビジネスで一番、大切なこと』（ヤンミ・ムン著、北川知子訳、ダイヤモンド社）

Different: Escaping the Competitive Herd

By Youngme Moon

いまの事業環境のもとで企業がほんものの競争優位を手に入れるには、最初から根本的な差別化ができていなくてはならないという。ほかと異なる特徴をあとづけで設けてもダメなのだ。「競争上の強み」という概念を詳しく知りたい人にお勧めの本である。

Your Career Game: How Game Theory Can Help You Achieve Your Professional Goals

By Nathan Bennett and Stephen A. Miles

異例なほど中身の濃い実践的キャリア・ガイド。著者たちは何人もの一流経営者にインタビューして、そこから成功の法則を導き出している。「俊敏にキャリアを築く」大切さを強調し、プロフェッショナルとしての差別化について深く考察している。

The Invention of Air: A Story About Science, Faith, Revolution and the Birth of America

By Steven Johnson

酸素の発見者にして、植物が酸素を生み出していることに最初に気づいた人物でもあるジョセフ・プリーストリーの人生と、彼が生きた時代を描いた書。酸素の「発見」は一度のひらめきによるのではなく、長年にわたる数多くの経験や影響の積み重ねから生まれたことを描き出している。プリーストリーの人脈や人間関係についての記述は、仕事上の人脈や人間関係を考えるうえでとりわけ参考になる。

Where Good Ideas Come From: The Natural History of Innovation

By Steven Johnson

オープンネットワーク、協働、偶然の幸運《セレンディビティ》、隣接の隙間《ニッチ》分野ほか、イノベーションをもたらす環境要因をいくつも紹介している。これらは仕事上の飛躍につながるチャンスを引き寄せるのにも役立つ。秀逸な分析である。

『ハーバード流キャリア・チェンジ術』（ハーミニア・イバーラ著、宮田貴子訳、翔泳社）
Working Identity: Unconventional Strategies for Reinventing Your Career
By Herminia Ibarra
　仕事での再出発やキャリア・チェンジについての素晴らしい本である。INSEADで組織行動論の教鞭をとる著者は、異なる業界へと転身した男女の実例を取り上げ、アイデンティティの刷新がいかに難しいかを説いている。試行錯誤の大切さを強調し、「ほんとうの自分」など決して見つからないと力説している。

『インテル戦略転換』（アンドリュー・S・グローブ著、佐々木かをり訳、七賢出版）
Only the Paranoid Survive: How to Exploit the Crisis Points That Challenge Every Business
By Andrew S. Grove
　インテルの創業メンバーであるアンディ・グローブが「戦略の変曲点」という概念を紹介している。これは戦略の激変を意味し、この変曲点に際してどういった行動をとるかが、企業がかつてなく強大になるか、劇的な凋落を示すかの分かれ目になるという。グローブは変化を先取りするよう説く。最新版には個人のキャリアの変曲点を扱った章があり、非常に有用である。

One Person/Multiple Careers: A New Model for Work/Life Success
By Marci Alboher
　著者は、一見したところ異なるいくつもの仕事への憧れを、すべて同時に満たすことができると書いている。長いあいだひとつの業界で働いてから、不安を抱きながら別の業界に飛び込むような必要はないのだと。この本には、弁護士兼シェフ、ジャーナリスト兼医師など、複数の職業を兼ねる人々へのインタビューが掲載されている。いくつもの志を同時に遂げるためのまったく新しい方法を紹介した本だ。

参考文献

以下では、本文で取り上げた本や、関連テーマのお勧め本を紹介する。本書の公式サイトにはこれら書籍へのリンクのほか、多数の記事、ブログ、ツイッターページへのリンクがある。

『フリーエージェント社会の到来』（ダニエル・ピンク著、池村千秋訳、ダイヤモンド社）
Free Agent Nation: The Future of Working for Yourself
By Daniel H. Pink

ダニエル・ピンクは2002年、アメリカで時流となっていた雇われない生き方をする人々を「フリーエージェント」と表現し、これを流行語にした。当時ピンクは、アメリカの労働人口の４人に１人あるいは３人に１人は独立請負だろうと推定し、自由や裁量、非公式の人脈、自前の安全網《セーフティネット》などをめぐる彼らの考え方を探った。ここに描かれた自営業者の心理や発想は、起業家らしい発想を身につけたい人の参考になる。

『トム・ピーターズのサラリーマン大逆襲作戦〈１〉ブランド人になれ！』（トム・ピーターズ著、仁平和夫訳、阪急コミュニケーションズ）
The Brand You 50: Or, Fifty Ways to Transform Yourself from an “Employee” into a Brand That Shouts Distinction, Commitment, and Passion!
By Tom Peters

トム・ピーターズが1997年に『ファスト・カンパニー』誌に寄せた有名な文章（”The Brand Called You”）を書籍化したものである。ピーターズは ”You, Inc.”（自分という会社）というコンセプトの提唱者でもある。彼は、会社が製品やサービスの販売促進を行うのと同じように、個人も「自分の持ち味は何か」を考えて、それら独自のスキル、実績、情熱（つまりは自分ブランド）を積極的に売り込むべきだ、と主張した。

kypost.com/dpps/news/world/anatomy-of-a-tsunami-from-the-center-that-warned-the-world_6179439
4. "Report: Hawaii Tsunami Damage at $30.6M," *Pacific Business News,* March 24, 2011, http://www.bizjournals.com/pacific/news/2011/03/24 /report-hawaii-tsunami-damage-at-306m.html
5. Nathan Bennett and Stephen Miles, *Your Career Game: How Game Theory Can Help You Achieve Your Professional Goals* (Stanford, CA: Stanford University Press, 2010), 16.

breed/

2. Jonathan Haidt, *The Happiness Hypothesis: Finding Modern Truth in Ancient Wisdom* (New York: Basic Books, 2006), 29（ジョナサン・ハイト『しあわせ仮説』藤澤隆史、藤澤玲子訳、新曜社）.
3. Anthony Iaquinto and Stephen Spinelli Jr., *Never Bet the Farm: How Entrepreneurs Take Risks, Make Decisions—and How You Can, Too* (San Francisco: Jossey-Bass, 2006), 78.
4. Stephen H. Shore and Raven Saks, “Risk and Career Choice,” *Advances in Economic Analysis and Policy* 5, no. 1 (2005), http://www.bepress.com/bejeap/advances/vol5/iss1/art7
5. Nassim Taleb, *The Black Swan: The Impact of the Highly Improbable* (New York: Random House, 2010), 204（ナシーム・ニコラス・タレブ『ブラック・スワン（上・下）』望月衛訳、ダイヤモンド社）.
6. Joshua Cooper Ramo, *The Age of the Unthinkable: Why the New World Disorder Constantly Surprises Us and What We Can Do About It* (New York: Back Bay Books, 2010), 181（ジョシュア・クーパー・ラモ『不連続変化の時代』田村義延訳、講談社インターナショナル）.
7. 同上
8. Aaron B. Wildavsky, *Searching for Safety* (Piscataway, NJ: Transaction Publishers, 2004), 98.

第7章

1. Bill Gates, *Business @ the Speed of Thought: Using a Digital Nervous System* (New York: Warner Books, 1999), 3（ビル・ゲイツ『思考スピードの経営』大原進訳、日本経済新聞出版社）.
2. Ken Auletta, “A Woman’s Place: Can Sheryl Sandberg Upend Silicon Valley’s Male-Dominated Culture?” *The New Yorker,* July 11, 2011, http://www.newyorker.com/reporting/2011/07/11/110711fa_fact_auletta?currentPage=all
3. Hagit Limor, “Anatomy of a Tsunami from the Center That Warned the World,” *KY Post,* March 18, 2011, http://www.

第5章

1. Kimberly Potts, *George Clooney: The Last Great Movie Star* (New York: Applause Theatre & Cinema Books, 2007), 50.
2. James H. Austin, *Chase, Chance and Creativity: The Lucky Art of Novelty* (Cambridge, MA: Harvard University Press, 2003), 69.
3. ジェームズ・オースティンの著書の一文をかみ砕いた表現にした。
4. Bo Peabody, *Lucky or Smart?: Secrets to an Entrepreneurial Life* (New York: Random House, 2004)（ボー・ピーボディ『セレンディピティ』藤井留美訳、ソニーマガジンズ）.
5. Steven Johnson, *The Invention of Air: A Story of Science, Faith, Revolution and the Birth of America* (New York: Riverhead Books, 2008), 53.
6. 同上
7. Pamela Walker Laird, *Pull: Networking and Success Since Benjamin Franklin* (Cambridge, MA, Harvard University Press, 2007), 88.
8. AnnaLee Saxenian, *Regional Advantage: Culture and Competition in Silicon Valley and Route 128* (Cambridge, MA: Harvard University Press, 1994), 34（アナリー・サクセニアン『現代の二都物語』山形浩生、柏木亮二訳、日経BP社）.
9. Michael Eisner and Aaron D. Cohen, *Working Together: Why Great Partnerships Succeed* (New York: Harper Business, 2010), 202.
10. Nicholas Carlson, "Jeff Bezos: Here's Why He Won," *Business Insider,* May 16, 2011, http://www.businessinsider.com/jeff-bezos-visionary-2011–4#ixzz1NsYA4QfS
11. Claire Cain Miller, "How Pandora Slipped Past the Junkyard," *New York Times,* March 7, 2010, http://dealbook.nytimes.com/2010/03/08 /how pandora-slipped-past-the-junkyard

第6章

1. Reannon Muth, "Are Risk-Takers a Dying Breed?" *Matador,* June 13, 2010, http://matadornetwork.com/bnt/are-risktakers-a-dying-

12. 同上 , 1362.
13. Herminia Ibarra, *Working Identity* (Cambridge, MA: Harvard Business School Press, 1994): 113 (『ハーバード流キャリア・チェンジ術』).
14. ダンバーの著書 *How Many Friends Does One Person Need?* (Cambridge, MA: Harvard University Press, 2010) (『友達の数は何人？』藤井留美訳、インターシフト)、ウィキペディアのダンバー数の項目（http://en.wikipedia.org/wiki/Dunbar's_number）を参照。クリストファー・アレンによる味のある説明も参考になる："The Dunbar Number as a Limit to Group Sizes," *Life with Alacrity* (blog), March 10, 2004, http://www.lifewithalacrity.com/2004/03/the_dunbar_numb.html
15. Jeffrey Travers and Stanley Milgram, "An Experimental Study in the Small World Problem," *Sociometry* 35, no. 4 (1969): 425–43, doi:10.1109/TIT.2010.2054490
16. Hazer Inaltekin, Mung Chiang, and H. Vincent Poor, "Average Message Delivery Time for Small-world Networks in the Continuum Limit," *IEEE Transactions on Information Theory* 56, no. 9 (2010), 4447–70, doi:10.1109/TIT.2010.2054490
17. http://blog.okcupid.com/index.php/online-dating-advice-exactly-what-to-say-in-a-first-message/
18. Brian Uzzi and Jarrett Spiro, "Collaboration and Creativity: The Small World Problem," *American Journal of Sociology* 111, no. 2 (2005), 447–504. doi: 10.1086/432782
19. Nicholas Christakis and James Fowler, *Connected: The Surprising Power of Our Social Networks and How They Shape Our Lives* (New York: Little, Brown and Company, 2009): Kindle Location 2691 (『つながり』).
20. このテーマについて詳しくはストウ・ボイドのブログ投稿とコメント欄を参照：http://www.stoweboyd.com/post/756220523/its-betweenness-that-matters-not-your-eigenvalue-the

2007), 11.

4. Jeff Atwood, "The Bad Apple: Group Poison," *Coding Horror: Programming and Human Factors* (blog), February 19, 2009, http://www.codinghorror.com/blog/2009/02/the-bad-apple-group-poison.html
5. Paul Graham, "Why Smart People Have Bad Ideas,"*PaulGraham.com* (blog), April 2005, http://www.paulgraham.com/bronze.html
6. David Foster Wallace, *This Is Water: Some Thoughts, Delivered on a Significant Occasion, About Living a Compassionate Life* (New York: Little, Brown, 2009), 39–40.
7. Neil Rackham and John Carlisle, "The Effective Negotiator, Part I: The Behaviour of Successful Negotiators," *Journal of European Industrial Training* 2, no. 6 (1978): 6–11, doi:10.1108/eb002297
8. Edward O. Laumann, John H. Gagnon, Robert T. Michael, and Stuart Michaels, *The Social Organization of Sexuality: Sexual Practices in the United States* (Chicago: University of Chicago Press, 1994).
9. David Brooks, *The Social Animal* (New York: Random House, 2011), 155（デイヴィッド・ブルックス『人生の科学』夏目大訳、早川書房）.
10. グラノヴェッターは弱い紐帯《ちゅうたい》をどう定義しているのだろうか。研究のなかでは、関係性の強さを推し量るモノサシとして顔を合わせる頻度を用いている。これは完璧なモノサシではない。秘書やドアマンと毎日顔を合わせたとしても、強い紐帯とはいえないだろう。グラノヴェッター自身も、関係性の強さを見極めるには「一緒にすごす時間、思い入れの強さ、親しさ（信頼関係）、互いへの奉仕といった、つながり方の特徴」を幅広く考え合わせる必要があると認めていた。後の研究からは、紐帯の強さを総合的に測った場合でも彼の引き出した結論は正しいことが裏づけられた。グラノヴェッターによる以下の文献を参照："The Strength of Weak Ties: A Network Theory Revisited," *Sociological Theory* 1 (1983): 201–33.
11. Mark S. Granovetter, "The Strength of Weak Ties," *American Journal of Sociology* 78, no. 6 (1973): 1371.

第3章

1. Richard N. Bolles, *What Color Is Your Parachute?* 2011 Edition (New York: Ten Speed Press, 2011), 28.（リチャード・ボウルズ『あなたのパラシュートは何色？』花田知恵訳、翔泳社）
2. Kevin Conley, "Sheryl Sandberg: What She Saw at the Revolution," *Vogue,* May 2010, http://www.vogue.com/magazine/article/sheryl-sandberg-what-she-saw-at-the-revolution/
3. Ken Auletta, "A Woman's Place: Can Sheryl Sandberg Upend Silicon Valley's Male- Dominated Culture?" *The New Yorker,* July 11, 2011, http://www.newyorker.com/reporting/2011/07/11/110711fa_fact_auletta?currentPage=all
4. http://www.businessweek.com/bwdaily/dnflash/content/mar2009/db20090316_630496.htm
5. See Jason Del Rey, "The Art of the Pivot," *Inc.,* February 1, 2011, http://www.inc.com/magazine/20110201/the-art-of-the-pivot.html
6. Andrew S. Grove, *Only the Paranoid Survive: How to Exploit the Crisis Points That Challenge Every Company* (New York: Crown Business, 1999), 189（アンドリュー・S・グローブ『インテル戦略転換』佐々木かをり訳、七賢出版）.

第4章

1. Adrian Wooldridge, "The Silence of Mammon: Business People Should Stand Up for Themselves," *The Economist,* December 17, 2009, http://www.economist.com/node/15125372?story_id=15125372
2. Nicholas Christakis and James Fowler, *Connected: The Surprising Power of Our Social Networks and How They Shape Our Lives* (New York: Little, Brown and Company, 2009), 22（ニコラス・A・クリスタキス、ジェイムズ・H・ファウラー『つながり』鬼澤忍訳、講談社）.
3. Pamela Walker Laird, *Pull: Networking and Success Since Benjamin Franklin* (Cambridge, MA: Harvard University Press,

16. Greg Sandoval, "Blockbuster Laughed at Netflix Partnership Offer," CNET *News,* December 9, 2010, http://news.cnet.com/8301-31001_3-20025235-261.html
17. "Netflix Opens New Shipping Center; Lakeland Facility Expands One-Day Delivery to Central Florida," PR Newswire, January 15, 2004, http://www.highbeam.com/doc/1G1-131553666.html
18. Company 2009 10- K SEC filings.
19. Jeffrey Bezos, letter to shareholders, April 2010, http://phx.corporate-ir.net/External.File?item=UGFyZW50SUQ9Mzc2NjQ0fENoaWxkSUQ9Mzc1Mjc5fFR5cGU9MQ==&t=1
20. Jeffrey Pfeffer, *Power: Why Some People Have It—And Others Don't* (New York: HarperBusiness, 2010), 49.

第２章

1. John Hagel III, John Seely Brown, and Lang Davison, *The Power of Pull: How Small Moves, Smartly Made, Can Set Big Things in Motion* (New York: Basic Books, 2010), 12（ジョン・ヘーゲルⅢ世、ジョン・シーリー・ブラウン、ラング・デイヴソン『「PULL」の哲学』桜田直美訳、主婦の友社）.
2. 「あまりに似たり寄ったりでげんなりしてしまう」という表現は、ヤンミ・ムン著 *Difference,* Kindle edition, location 156（『ビジネスで一番、大切なこと』北川知子訳、ダイヤモンド社）にある差別化の分析からヒントを得た。
3. この点をめぐるクリス・サッカとケビン・ローズの対談動画を以下で視聴できる：http://vimeo.com/26021720
4. Herminia Ibarra, *Working Identity: Unconventional Strategies for Reinventing Your Career* (Boston, MA: Harvard Business School Press, 2004), 35（ハーミニア・イバーラ『ハーバード流キャリア・チェンジ術』宮田貴子訳、翔泳社）.
5. http://www.mhhe.com/business/management/thompson/11e/case/starbucks.html
6. http://www.jetblue.com/about/ourcompany/flightlog/index.html

com/blogs/democracyinamerica/2011/06/technology-and-unemployment
8. Alex Taylor III, *Sixty to Zero* (New Haven: Yale University Press, 2011), 14.
9. "Population of the 20 Largest US Cities, 1900–2005," *Information Please*, http://www.infoplease.com/ipa/A0922422.html
10. "Address in Detroit at the Celebration of the City's 250th Anniversary," July 28, 1951, in *Public Papers of the Presidents of the United States: Harry S. Truman, 1951: Containing the Public Messages, Speeches, and Statements of the President, January 1 to December 31, 1951* (Washington, DC: General Services Administration, National Archives and Records Service, Office of the Federal Register, 1965), 429.
11. Andrew Malcolm, "Obama Takes the Wheel from Detroit," *Los Angeles Times*, March 30, 2009, http://latimesblogs.latimes.com/washington/2009/03/obama-to-detroi.html.
12. Statistics from Charlie LeDuff, "What Killed Aiyana Stanley-Jones?" *Mother Jones* (November/December 2010), http://motherjones.com/print/79151
13. John Hagel III, John Seely Brown, Duleesha Kulasooriya, and Dan Elbert, "Measuring the Forces of Long-term Change: The 2010 Shift Index," Deloitte Center for the Edge (2010), 2, http://www.deloitte.com/assets/Dcom-UnitedStates/Local%20Assets/Documents/TMT_us_tmt/Shift%20Index%202010/us_tmt_si_shift%20Index2010_110310.pdf
14. Reed Hastings, as told to Amy Zipkin, "Out of Africa, Onto the Web," *New York Times*, December 17, 2006, http://www.nytimes.com/2006/12/17/jobs/17boss.html
15. Rick Newman, "How Netflix (and Blockbuster) Killed Blockbuster," *U.S. News & World Report*, September 23, 2010, http://money.usnews.com/money/blogs/flowchart/2010/9/23/how-netflix-and-blockbuster-killed-blockbuster.html

原注

第1章

1. 「アメリカには何世紀も前から移民が集まってきた」「彼らは、すべてを投げ打つ覚悟で……」の部分は、バラク・オバマ大統領による2011年の一般教書演説からヒントを得た。"Obama's Second State of the Union (Text)," *New York Times*, January 25, 2011, http://www.nytimes.com/2011/01/26/us/politics/26obama-text.html?_r=1&sq=obama%20state%20union&st=cse&scp=2&pagewanted=all
2. Ronald Brownstein, "Children of the Great Recession," *The Atlantic,* May 5, 2010, http://www.theatlantic.com/special-report/the-next-economy/archive/2010/05/children-of-the-great-recession/56248/
3. 同上
4. すべての安全網《セーフティネット》の母である社会保険は、連邦政府の資金によって支えられるはずなのだが、その政府は気の遠くなるような債務を抱えている。いまの20代、30代が引退するころには、両親の世代と比べて受給額は少なくとも25%は減っている可能性が高い（もっと厳しい見方をするアナリストのあいだでは、「いまの若者はいっさい受給できないだろう」という説もある）。給料から天引きされる社会保険料は、ドラッグ中毒のまたいとこに貸した金のようなものだと考えるとよい。もしかしたら返ってくるかもしれないが、あまり当てにはできないということだ。
5. "Cost-Cutting Strategies in the Downturn: A Delicate Balancing Act," May 2009, http://www.towerswatson.com/assets/pdf/610/CostCutting-RB_12-29-09.pdf
6. Andy Kessler, "Is Your Job an Endangered Species?" *Wall Street Journal,* February 17, 2011, http://online.wsj.com/article/SB10001424052748703439504576116340050218236.html
7. See the links in Will Wilkinson's discussion, "Are ATMs Stealing Jobs?" *The Economist*, June 15, 2011, http://www.economist.

■著者

リード・ホフマン（Reid Hoffman）

世界的に著名な起業家にして投資家でもある。１億人を超える会員数を誇る世界最大のプロフェッショナル・ネットワーク、リンクトインの共同創業者兼会長。ペイパルの創業時から取締役会に名前を連ね、上級副社長も務めた。現在はシリコンバレーの主力ベンチャー・キャピタル、グレイロック・パートナーズの共同経営者を兼ねる。フェイスブックやジンガなど、100社を超えるテクノロジー企業に早い段階から投資を行っている。

ベン・カスノーカ（Ben Casnocha）

数々の受賞歴を持つ起業家にして著述家でもある。『ニューズウィーク』に寄稿するほか、CNN、CBSの『ジ・アーリーショー』、CNBCなどのテレビ番組にも出演している。『ビジネスウィーク』から「アメリカ最高の若手起業家」のひとりに選ばれた。

■訳者

有賀 裕子（あるが ゆうこ）

東京大学法学部卒業。ロンドン・ビジネススクール経営学修士（MBA）。通信会社勤務を経て翻訳に携わる。訳書に『リアルタイム・マーケティング』（日経BP社）、『ハーバード流ボス養成講座』（日本経済新聞出版社）、『トレードオフ』（プレジデント社）、『ブルー・オーシャン戦略』（武田ランダムハウスジャパン）ほか。

■序文

伊藤 穰一（いとう・じょういち）

MIT（米マサチューセッツ工科大学）メディアラボ所長。デジタルガレージ共同創業者で取締役。Creative Commons 会長。内閣官房IT戦略本部本部員、慶応義塾大学大学院メディアデザイン研究科非常勤講師ほか、FireFox開発のMozilla Foundationをはじめとする非営利団体のボードメンバーも務める。エンジェル投資家として、シリコンバレー地域を中心に複数のインターネット事業への投資、事業育成にも携わり、これまでにTwitter、Six Apart、Wikia、Flickr、Last.fm、Kickstarterなどの有望ネットベンチャー企業の創業や事業展開を支援している。

スタートアップ！
シリコンバレー流成功する自己実現の秘訣

2012年5月28日　第1版第1刷発行

著　者　リード・ホフマン
　　　　ベン・カスノーカ
訳　者　有賀 裕子
発行者　瀬川 弘司
発　行　日経BP社
発　売　日経BPマーケティング
〒108-8646　東京都港区白金1-17-3
電話　03-6811-8650（編集）
　　　03-6811-8200（営業）
URL　http://ec.nikkeibp.co.jp/
装丁　坂川朱音（坂川事務所）
制作　アーティザンカンパニー株式会社
印刷・製本　株式会社シナノ

Illustration by Von Glitschka

ISBN978-4-8222-4910-6